아이가 주인공인 책

아이는 스스로 생각하고 성장합니다.
아이를 존중하고 가능성을 믿을 때
새로운 문제들을 스스로 해결해 나갈 수 있습니다.

길벗스쿨의 학습서는 아이가 주인공인 책입니다.
탄탄한 실력을 만드는 체계적인 학습법으로
아이의 공부 자신감을 높여줍니다.

가능성과 꿈을 응원해 주세요.
아이가 주인공인 분위기를 만들어 주고,
작은 노력과 땀방울에 큰 박수를 보내 주세요.
길벗스쿨이 자녀 교육에 힘이 되겠습니다.

읽기 유창성 이론을 바탕으로 한
문해력 향상 프로그램

문해력이 좋아지는
소리 내어 읽기 2단계

윤희솔 · 소선중 지음

길벗스쿨

문해력이 좋아지는 소리 내어 읽기 2단계

초판 1쇄 인쇄 • 2025년 7월 22일
초판 1쇄 발행 • 2025년 8월 6일

지은이 • 윤희솔 · 소선중
발행인 • 이종원
발행처 • (주)길벗스쿨
출판사 등록일 • 2025년 5월 28일
주소 • 서울시 마포구 월드컵로 10길 56(서교동)
대표 전화 • 02)332-0931 | **팩스** • 02) 338-0388
홈페이지 • www.gilbutschool.co.kr | **이메일** • gilbut@gilbut.co.kr

기획 및 책임편집 • 유현우(yhw5719@gilbut.co.kr) | **디자인** • 강은경 | **제작** • 이준호, 손일순, 이진혁
마케팅 • 양정길, 이지민 | **영업유통** • 진창섭 | **영업관리** • 김명자, 심선숙, 정경화 | **독자지원** • 윤정아

전산편집 • 기본기획 | **편집진행** • 주은영 | **일러스트** • 김미정 | **녹음** • EMG미디어
CTP 출력 및 인쇄 • 대원문화사 | **제본** • 신정문화사

▶ 잘못된 책은 구입한 서점에서 바꿔 드립니다.
▶ 이 책은 저작권법에 따라 보호받는 저작물이므로 무단전제와 무단복제를 금합니다.
  이 책의 전부 또는 일부를 이용하려면 반드시 사전에 저작권자와 길벗스쿨의 서면 동의를 받아야 합니다.

ISBN 979-11-7467-022-9 74700
SET 979-11-7467-020-5
(길벗 도서번호 500027)

정가 15,800원

독자의 1초를 아껴주는 정성 길벗출판사

(주)도서출판 길벗 | IT실용서, IT/일반 수험서, IT전문서, IT입문서, IT교육교재서, 경제경영서, 취미실용서, 자녀교육서
더퀘스트 | 인문교양서, 비즈니스서
길벗이지톡 | 성인어학서
길벗스쿨 | 국어학습서, 수학학습서, 영어학습서, 유아학습실, 어린이교양서, 학습단행본, 교과서

길벗스쿨 공식 카페 〈기적의 공부방〉• cafe.naver.com/gilbutschool
인스타그램 / 카카오플러스친구 • post.naver.com/gilbutzigy

제 품 명 : 문해력이 좋아지는 소리 내어 읽기_2단계	주 소 : 서울시 마포구 월드컵로 10길 56 (서교동)
제조사명 : 길벗스쿨	제조년월 : 판권에 별도 표기
제조국명 : 대한민국	사용연령 : 7세 ~ 9세
전화번호 : 02-332-0931	KC마크는 이 제품이 공통안전기준에 적합하였음을 의미합니다.

머리말

**문해력 성장의 열쇠가 '읽기 유창성'이라면,
그 열쇠를 돌리는 힘은 '소리 내어 읽기'입니다.**

학부모님께는 '읽기 유창성'이라는 말이 다소 낯설게 느껴지실지도 모릅니다. 그러나 읽기 유창성은 오래전부터 문해력과 학력의 기초를 이루는 핵심 요소이자, 본격적인 학습으로 나아가는 관문을 여는 열쇠로 주목받아 왔습니다. 이러한 이유로 2022 개정 국어과 교육과정에서도 읽기 유창성을 중요한 축으로 다루고 있습니다.

그렇다면 읽기 유창성은 어떻게 길러질까요? 수많은 연구는 모범 읽기를 듣고, 능숙해질 때까지 반복해 소리 내어 읽는 것이 읽기 유창성을 기르는 가장 효과적인 방법이라고 밝힙니다. 20년 넘게 교실에서 아이들과 함께 해 온 저희도 소리 내어 읽기의 힘을 수없이 확인해 왔습니다. 그러나 교실에서 읽기 유창성 지도의 각 단계를 빠짐없이 실천하기가 쉽지 않았기에, 가정에서의 어려움을 충분히 짐작할 수 있습니다. 실제로 문해력 지도를 어디서부터 시작해야 할지 몰라 고민하시는 학부모님들을 많이 만나 왔습니다.

그래서 고민 끝에, 문해력을 오랫동안 연구해 온 교사와 교육과정을 깊이 탐구해 온 교사가 머리를 맞대고 『문해력이 좋아지는 소리 내어 읽기』를 펴내게 되었습니다. 이 책에는 아이의 성장을 돕기 위한 현실적인 해법을 담았습니다.

- 아이 혼자서도 모범 읽기를 들으며 따라 읽을 수 있도록, 단계별 음원을 QR코드에 담았습니다.
- 아이가 수업 시간에 '이거 내가 소리 내어 읽은 내용인데!' 하며 자신 있게 손을 들 수 있도록, 모든 글을 교과서 주제와 밀접하게 집필했습니다.
- 읽기 유창성은 물론, 학습의 기초 체력을 다지고 매일 공부하는 좋은 습관까지 함께 기를 수 있는 방향으로 설계했습니다.

하루 10분, 교과 연계 지문을 소리 내어 읽도록 구성한 이 책이 아이의 문해력과 학력, 그리고 꾸준히 배우는 힘을 길러 주는 든든한 벗이 되어 주기를 소망합니다.

오늘도 아이들과 함께 하루를 보낸,
윤희솔·소선중 올림

이 책은 이렇게 활용하세요!

❶ <소리 내어 읽기>의 중요성

왜 옛날 사람들은 뜻도 모르는 천자문을 그토록 소리 내어 읽었을까요?

천자문을 비롯한 고전을 반복해 소리 내어 읽는 일은, 말소리를 문자를 통한 의미와 연결하는 훈련이었습니다. 문자보다 먼저 생긴 소리에 익숙해지는 것이 문해력 발달의 첫걸음이라는 사실을 옛사람들은 경험적으로 알고 있었던 것입니다. 일본의 뇌과학자 가와시마 류타 교수는 "소리 내어 읽을 때 뇌의 광범위한 영역이 동시에 활성화된다"고 말합니다. '소리 내어 읽기'는 단순한 읽기 연습을 넘어, 뇌 전체를 깨우는 통합적 학습의 시작이었던 것이지요.

무엇보다도, 반복하여 소리 내어 읽기는 초기 문해력의 핵심인 '읽기 유창성'을 길러 주는 가장 확실하고도 강력한 방법이기도 합니다.

❷ 읽기 유창성이란?

미국의 국립읽기위원회(NRP: National Reading Panel)는 11만 건이 넘는 문해력 연구 중 엄격한 기준을 충족한 연구들만 선별하여 분석한 결과, 읽기 능력을 좌우하는 결정적인 다섯 가지 요소를 다음과 같이 발표했습니다.

| ① 음운 인식 | ② 음운 규칙 | ③ 읽기 유창성 | ④ 어휘력 | ⑤ 읽기 이해 |

이 중 읽기 유창성은 글을 빠르고 정확하게, 그리고 자연스러운 억양과 리듬으로 읽는 능력을 나타내며, 문해력은 물론, 학업 성취에까지 영향을 미치는 핵심 요소로 강조되어 왔습니다.

특히 읽기 유창성이 중요한 이유는, 해독(글자를 소리로 바꾸는 과정)과 이해(글의 뜻을 파악하는 과정) 사이를 이어 주는 다리 역할을 하기 때문입니다. 결국 읽기 유창성이 갖추어져야 비로소 '이해'라는 더 높은 사고 수준으로 도약할 수 있는 것입니다.

그럼에도, 많은 국어 교재와 수업 현장은 여전히 어휘 학습이나 독해 중심의 활동에만 치우친 경향이 있습니다. 그 이전에 읽기 유창성의 출발점인 '소리 내어 읽기'를 통해 해독과 이해 사이의 다리를 튼튼하게 이어놓아야 합니다.

③ 이 책의 활용법

'읽기 유창성'을 기르기 위해서는 단계에 맞는 훈련이 필요합니다. 이 책은 '정확성 → 신속성 → 표현성'이라는 세 단계의 연습을 통해, 체계적으로 읽기 유창성을 완성할 수 있도록 설계되었습니다.

1단계 정확성

틀리지 않고 정확하게 읽는 연습입니다.

단어 하나라도 정확히 읽지 못하면 문장 전체를 이해하는 기반이 약해지므로, 무엇보다 정확성이 중요합니다. 또한, 정확한 발음을 반복해 연습하는 과정은 문법 지식과 음운 인식을 함께 체화하는 과정입니다. 이 단계는 이후 신속성과 표현성을 발달시키기 위한 토대가 됩니다.

2단계 신속성

어절과 문장을 끊김 없이 빠르게 연결하여 읽는 훈련입니다.

영어권에서는 학년에 따라 분당 정확히 읽어야 할 단어 수(WCPM: Words Correct Per Minute)를 제시할 만큼, 읽기 속도는 이해력을 예측하는 주요 지표로 사용됩니다. 적절한 속도로 읽을 수 있어야 인지 자원을 해독이 아닌 이해에 집중할 수 있기 때문입니다.

3단계 표현성

의미를 담아 자연스럽게 읽는 훈련입니다.

문장을 의미 단위로 끊어 읽고, 문맥에 어울리는 분위기와 느낌을 담아 읽는 단계입니다. 표현성을 '운율(prosody)'이라고도 하는데, 이는 문장을 읽을 때의 높낮이, 멈춤, 속도 같은 소리의 흐름을 말합니다. 운율이 살아 있는 읽기는 글을 깊이 이해하게 하고, 그 의미와 감정을 자연스럽게 전달하는 데 꼭 필요한 요소입니다.

이 책에 제시된 세 단계는 읽기 유창성을 길러 주는 과학적 원리에 기반한 훈련으로, 그 효과가 이미 여러 연구를 통해 증명되어 왔습니다. 조급함을 내려놓고 이 과정을 성실히 따라간다면, 문해력은 단단하게, 그리고 반드시 자라날 것입니다.

이 책은 이렇게 구성되었어요!

본문 읽기

단계별 학년과 학기에 맞춘 교과 연계 본문을 통해, 소리 내어 읽는 연습을 하면서 동시에 교과 지식도 자연스럽게 익힐 수 있어요. 읽는 데 걸린 시간을 적는 란이 있어서, 읽기에 더 집중하고 자신의 속도를 점검하는 데 도움이 돼요.

낱말 익히기

본문을 이해하는 데 필요한 낱말과, 교과 학습의 핵심 개념을 담은 학습도구어를 선별해 담았어요. 문해력의 중요한 요소인 어휘력을 키울 수 있도록 하기 위해 뜻과 예문을 함께 실었어요.

각 본문에 해당 내용이 다뤄지는 교과와 단원을 함께 제시했어요. 어떤 수업에서 배우는 내용인지 쉽게 확인할 수 있어, 학교 공부와도 자연스럽게 이어지도록 구성했어요.

특별부록

길벗스쿨 홈페이지(www.gilbutschool.co.kr)에 접속한 뒤, 검색창에 책 제목을 입력하면 자료실에서 다음 자료들을 다운로드할 수 있어요.

1. **본문 내 교과 연계 주요 한자어 목록 120**
   본문에 실린 한자어 중 주요 한자어만을 골라 장별로 20개씩 제시했어요. 개별 한자들의 뜻을 이해한다면 교과 어휘가 더욱 더 쉬워질 거예요.

2. **단계별 읽기 훈련 자료**
   교재에 수록된 QR코드의 단계별 모범 읽기 자료를 MP3 파일로도 제공하고 있어요. 언제 어디서나 음성 파일을 들으며 소리 내어 읽는 연습을 할 수 있어요.

단계별 훈련하기

소리 내어 읽기는 무작정 반복하기만 하는 것보다 순서를 따라 체계적으로 연습하는 것이 훨씬 효과적이에요. 아래 단계를 하나씩 차근차근 따라 해 보세요.

1단계 올바른 발음을 익혀요

본문에 수록된 어휘 중 발음이 어렵거나 헷갈리기 쉬운 낱말을 모아, 먼저 정확하게 발음해 보는 연습을 해요.

2단계 듣고 따라 읽어요

이 단계는 읽기 유창성을 키우기 위해 꼭 필요한 세 가지 순서에 따라 소리 내어 읽는 연습을 해요. 먼저 한 문장씩 또박또박 정확하게 따라 읽으며 '정확성'을 다져요. 그다음 선생님의 읽는 속도에 맞춰 한 문장씩 읽으며, '신속성'을 익혀요. 마지막으로는 선생님과 동시에 글 전체를 읽으며, 억양과 호흡을 살려 '표현성'을 단련해요.

3단계 다시 읽어봐요

이제는 스스로 처음부터 끝까지 읽어볼 차례예요. 다 읽은 후에는 걸린 시간을 기록해 보세요. 표현성을 살려 읽다 보면 처음보다 시간이 더 걸릴 수도 있지만, 권장 시간 안에 읽는 것이 목표라는 점도 함께 기억해 두면 좋아요.

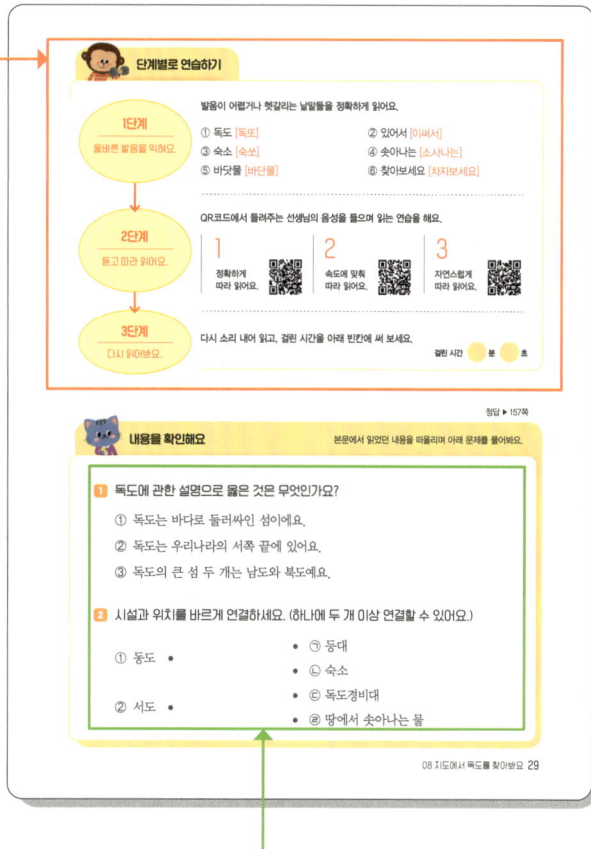

내용을 확인해요

단계에 따라 연습한 뒤에는, 간단한 문제로 내용을 잘 이해했는지 확인해 보세요. 소리 내어 읽기는 의미를 정확히 파악하는 힘으로 이어지므로, 읽은 내용을 되짚어 보는 과정이 꼭 필요해요. 틀린 문제가 있다면 본문과 어휘를 다시 읽고 풀어 보세요.

차례

머리말 ... 3
이 책은 이렇게 활용하세요! ... 4
이 책은 이렇게 구성되었어요! ... 6
학습 계획표 ... 11

1장 국어

01 코코는 어디에 있을까요? ... 14
02 내 마음을 나타내 보아요 ... 16
03 돌에서 다리가 쑤욱! ... 18
04 큰따옴표와 작은따옴표 ... 20
05 안내견을 만나면? ... 22
06 자음자를 바르게 읽어요 ... 24
07 '아나바다'를 들어 보았나요? ... 26
08 지도에서 독도를 찾아봐요 ... 28
09 공부를 도와주는 말 ... 30
10 두 마리의 소 이야기 ... 32
1장 | 마무리 활동 ... 34

2장 수학

11 수를 읽는 두 가지 방법 ... 38
12 >, <은 어떻게 읽을까요? ... 40
13 물건을 셀 때 쓰는 낱말 ... 42
14 짝수와 홀수 ... 44
15 오전과 오후 ... 46
16 환경위기시계는 지금 몇 시? ... 48
17 □, △, ○ 모양 ... 50
18 내 이야기 들어 볼래? ... 52
19 규칙을 알면 똑똑해져요 ... 54
20 물에도 발자국이 있다고요? ... 56
2장 | 마무리 활동 ... 58

3장 통합 하루

21	잠을 잘 자는 비결은?	62
22	내가 학교에 있을 때	64
23	모차르트 자장가의 비밀	66
24	'목도소리'를 들어봤나요?	68
25	안전 수칙을 지켜요	70
26	우리 집 구급상자	72
27	지진이 났을 때는?	74
28	신호등이 없다면?	76
29	일과가 무슨 뜻일까요?	78
30	신나는 리듬을 만들어요	80
	3장 | 마무리 활동	82

4장 통합 약속

31	어린이의 권리를 알아봐요	86
32	에너지를 아껴요	88
33	거대한 '쓰레기 섬'이 있어요	90
34	작지만 위험해요	92
35	날마다 나무를 심는 방법은?	94
36	지구를 지키는 밥상	96
37	국제기구가 생긴 까닭은?	98
38	가정 폭력은 안 돼요!	100
39	잠이 안 와서 뒤척뒤척	102
40	할아버지의 편지	104
	4장 | 마무리 활동	106

5장 통합 상상

41 '해태'를 알고 있나요?	110
42 숨바꼭질을 하다가	112
43 코피가 나요	114
44 야외에서는 이걸 조심해요	116
45 말은 주워 담을 수 없어요	118
46 나는 누구일까요?	120
47 친구를 오해한 날	122
48 초능력을 고를 수 있다면?	124
49 '호두까기 인형' 이야기	126
50 비밀 요원의 활약	128
**5장	마무리 활동**	130

6장 통합 이야기

51 젊어지는 샘물	134
52 우렁이 각시	136
53 피노키오	138
54 공연장에서 이것만은 지켜요	140
55 사람이 많은 곳에 갈 때는	142
56 볼링을 해 볼까요?	144
57 실감나게 읽어봐요	146
58 내가 읽은 이야기	148
59 기억에 남는 일을 발표해요	150
60 내 비밀 친구는 누구일까?	152
**6장	마무리 활동**	154

정답   156

학습 계획표

아래 학습 계획표를 참고하여 12주 완성을 목표로 매일매일 꾸준히 학습하세요.
학습이 끝난 후 오른쪽 칸에 ∨ 하세요.

요일	월		화		수		목		금	
1주 차	01	∨	02		03		04		05	
2주 차	06		07		08		09		10	
3주 차	11		12		13		14		15	
4주 차	16		17		18		19		20	
5주 차	21		22		23		24		25	
6주 차	26		27		28		29		30	
7주 차	31		32		33		34		35	
8주 차	36		37		38		39		40	
9주 차	41		42		43		44		45	
10주 차	46		47		48		49		50	
11주 차	51		52		53		54		55	
12주 차	56		57		58		59		60	

1장

국어

01	코코는 어디에 있을까요?
02	내 마음을 나타내 보아요
03	돌에서 다리가 쑤욱!
04	큰따옴표와 작은따옴표
05	안내견을 만나면?
06	자음자를 바르게 읽어요
07	'아나바다'를 들어 보았나요?
08	지도에서 독도를 찾아봐요
09	공부를 도와주는 말
10	두 마리의 소 이야기

1주차 1일 01

국어 1학년 2학기 | 1. 기분을 말해요

· 총 어절 수 60개
· 권장 읽기 시간 40초

코코는 어디에 있을까요?

아래 글을 소리 내어 읽고, 걸린 시간을 아래 빈칸에 써 보세요.

고양이 코코는 솔솔 풍기는 생선 냄새에 벌떡 일어났어요.
식탁 위에 놓인 먹음직스러운 생선에서 나는 냄새였어요.
코코가 식탁 위로 폴짝 뛰어올라 생선을 먹으려는 순간!
강아지 뭉치가 왈왈 짖었어요.
깜짝 놀란 코코가 몸을 휙 돌리다가
꼬리로 생선 접시를 툭 건드리고 말았어요.
그 바람에 접시가 바닥에 떨어져 와장창 산산조각이 났어요.
주인이 쌔앵 달려와 깨진 접시 옆에 있던 뭉치를 혼냈어요.
코코는 과연 어디로 갔을까요?

걸린 시간 분 초

 **낱말을 익혀요**   본문에 수록된 주요 낱말들의 뜻을 익혀요.

1 풍기다
- 뜻) 냄새가 나다 또는 냄새를 퍼뜨리다
- 예문) 저녁 시간이 되자 부엌에서 맛있는 냄새가 풍겼다.

2 바람
- 뜻) 뒷말의 이유나 원인을 나타내는 말
- 예문) 갑자기 비가 오는 바람에 옷이 다 젖었어요.

3 산산조각
- 뜻) 아주 작게 부서지거나 깨어진 여러 조각
- 예문) 꽃병이 바닥으로 떨어져 산산조각이 나 버렸어요.

단계별로 연습하기

1단계 올바른 발음을 익혀요.

발음이 어렵거나 헷갈리는 낱말들을 정확하게 읽어요.

① 놓인 [노인]　　② 먹음직스러운 [머금직쓰러운]
③ 짖었어요 [지저써요]　　④ 말았어요 [마라써요]
⑤ 바람에 [바라메]　　⑥ 옆에 [여페]

2단계 듣고 따라 읽어요.

QR코드에서 들려주는 선생님의 음성을 들으며 읽는 연습을 해요.

1. 정확하게 따라 읽어요.
2. 속도에 맞춰 따라 읽어요.
3. 자연스럽게 따라 읽어요.

3단계 다시 읽어봐요.

다시 소리 내어 읽고, 걸린 시간을 아래 빈칸에 써 보세요.

걸린 시간　분　초

정답 ▶ 157쪽

내용을 확인해요

본문에서 읽었던 내용을 떠올리며 아래 문제를 풀어봐요.

1 빈칸에 들어갈 알맞은 낱말을 연결하세요.

① 바람　　•　　• ㉠ 빵집에서 빵 냄새가 ☐.

② 풍기다　•　　• ㉡ 감기에 걸리는 ☐에 학교에 가지 못했다.

③ 산산조각　•　　• ㉢ 장난감이 떨어져 ☐으로 부서졌다.

2 <보기>와 같이 흉내 내는 말을 넣어 문장을 쓰세요.

> 보기　친구가 신나서 <u>폴짝폴짝</u> 뛰었습니다.

_____

1주차 2일 02

국어 1학년 2학기 | 1. 기분을 말해요

• 총 어절 수 58개
• 권장 읽기 시간 40초

내 마음을 나타내 보아요

아래 글을 소리 내어 읽고, 걸린 시간을 아래 빈칸에 써 보세요.

〈마음 일기〉

달리기에서 일등한 날,
뿌듯해서 으쓱으쓱

발표하는 날,
떨려서 두근두근

시험이 끝난 날,
후련해서 후아!

장난감을 잃어버린 날,
속상해서 뿌잉뿌잉

동생이 늦게 들어온 날,
걱정돼서 안절부절

친구랑 화해한 날,
편해서 스르르

엄마랑 그네를 탄 날,
신나서 붕붕붕

천둥 번개가 친 날,
무서워서 꽁꽁꽁

아빠께 칭찬받은 날,
기뻐서 방긋방긋

숙제가 많은 날,
힘들어서 어깨가 추욱

친구한테 장난쳤던 날,
미안해서 쭈뼛쭈뼛

걸린 시간 ⬚ 분 ⬚ 초

낱말을 익혀요

본문에 수록된 주요 낱말들의 뜻을 익혀요.

1. 뿌듯하다
- 뜻: 잘 해냈다는 기쁨과 자랑스러움이 마음에 가득하다
- 예문: 나는 어려운 문제를 풀고 나니 너무 뿌듯했다.

2. 안절부절
- 뜻: 마음이 불안하고 초조해서 가만히 있지 못하는 모양
- 예문: 소연이는 보건실에 간 친구를 안절부절 기다렸어요.

3. 후련하다
- 뜻: 마음에 답답했던 게 풀려서 시원하고 가벼운 느낌이 들다
- 예문: 나는 숙제를 다 끝내서 마음이 후련했다.

단계별로 연습하기

1단계 올바른 발음을 익혀요.

발음이 어렵거나 헷갈리는 낱말들을 정확하게 읽어요.

① 일등 [일뜽] ② 뿌듯해서 [뿌드태서]
③ 잃어버린 [이러버린] ④ 속상해서 [속쌍해서]
⑤ 많은 [마는] ⑥ 칭찬받은 [칭찬바든]

2단계 듣고 따라 읽어요.

QR코드에서 들려주는 선생님의 음성을 들으며 읽는 연습을 해요.

1 정확하게 따라 읽어요.
2 속도에 맞춰 따라 읽어요.
3 자연스럽게 따라 읽어요.

3단계 다시 읽어봐요.

다시 소리 내어 읽고, 걸린 시간을 아래 빈칸에 써 보세요.

걸린 시간 ◯ 분 ◯ 초

정답 ▶ 157쪽

내용을 확인해요

본문에서 읽었던 내용을 떠올리며 아래 문제를 풀어봐요.

1 빈칸에 들어갈 알맞은 낱말을 연결하세요.

① 뿌듯하다 •   • ㉠ 결과를 [　　] 기다리다.

② 후련하다 •   • ㉡ 친구와 화해하니 [　　].

③ 안절부절 •   • ㉢ 어려운 문제를 맞히니 [　　].

2 오늘 내 마음을 나타내는 낱말에 ◯ 하세요.

| 뿌듯하다 | 속상하다 | 신나다 | 떨리다 |
| 무섭다 | 미안하다 | 편하다 | 기쁘다 |

02 내 마음을 나타내 보아요

1주차 3일
03

국어 1학년 2학기 | 2. 낱말을 정확하게 읽어요
- 총 어절 수 60개
- 권장 읽기 시간 40초

돌에서 다리가 쑤욱!

아래 글을 소리 내어 읽고, 걸린 시간을 아래 빈칸에 써 보세요.

민호는 숲에서 반짝이는 돌멩이를 발견했어요.
흙에 반쯤 묻혀 있었는데도 반짝였어요.
그런데 갑자기 그 돌멩이에서 다리 여덟 개가 쑤욱 나왔어요!
민호는 깜짝 놀라 하마터면 넘어질 뻔했어요.
그때 거미가 실을 뿜어내 민호를 붙잡았어요.
간신히 균형을 잡고 일어난 민호는 거미가 없어진 줄 알고 두리번거렸어요.
"앗, 나를 밟지 마!"
거미가 외쳤어요.
민호는 닳은 신발 바로 아래에 있던 거미에게 말했어요.
"밟아서 미안해! 나를 구해줘서 고마워."

걸린 시간 　분　 초

 **낱말을 익혀요**   겹받침을 바르게 읽어요.

'겪다, 볶다, 깎다, 낚시, 밖'과 같이 같은 자음자가 겹쳐서 된 받침을 '쌍받침', 서로 다른 두 개의 자음자로 이루어진 받침을 '겹받침'이라고 해요. 위의 글에 나온, 겹받침이 있는 낱말을 바르게 읽어 보아요.

1	흙 [흑]	흙이 [흘기]	흙도 [흑또]	흙을 [흘글]
2	여덟 [여덜]	여덟이 [여덜비]	여덟도 [여덜도]	여덟만 [여덜만]
3	밟다 [밥따]	밟지 [밥찌]	밟아 [발바]	밟고 [밥꼬]
4	닳다 [달타]	닳지 [달치]	닳아 [다라]	닳고 [달코]

단계별로 연습하기

1단계 올바른 발음을 익혀요.

발음이 어렵거나 헷갈리는 낱말들을 정확하게 읽어요.

① 숲에서 [수페서]   ② 묻혀 [무처]
③ 갑자기 [갑짜기]   ④ 뿜어내 [뿌머내]
⑤ 잡고 [잡꼬]   ⑥ 없어진 [업써진]

2단계 듣고 따라 읽어요.

QR코드에서 들려주는 선생님의 음성을 들으며 읽는 연습을 해요.

1 정확하게 따라 읽어요.
2 속도에 맞춰 따라 읽어요.
3 자연스럽게 따라 읽어요.

3단계 다시 읽어봐요.

다시 소리 내어 읽고, 걸린 시간을 아래 빈칸에 써 보세요.

걸린 시간 ○ 분 ○ 초

정답 ▶ 157쪽

내용을 확인해요

본문에서 읽었던 내용을 떠올리며 아래 문제를 풀어봐요.

1 일이 일어난 순서대로 기호를 쓰세요.

> 가. 민호가 거미에게 사과했다.
> 나. 돌에서 다리 여덟 개가 나왔다.
> 다. 숲에서 반짝이는 돌을 발견했다.
> 라. 넘어질 뻔한 민호를 거미가 구해주었다.

( ) → ( ) → ( ) → ( )

2 밑줄 친 낱말의 알맞은 발음을 골라 ○ 하세요.

① 흙을(흐글 / 흘글) 파서 씨앗 여덟(여덥 / 여덜) 개를 심었어요.

② 지우개를 많이(마니 / 만히) 써서 다 닳았어요(다라써요 / 다하써요).

1주차 4일
04

국어 1학년 2학기 | 4. 감동을 나누어요
- 총 어절 수 59개
- 권장 읽기 시간 40초

큰따옴표와 작은따옴표

아래 글을 소리 내어 읽고, 걸린 시간을 아래 빈칸에 써 보세요.

따옴표는 말이나 글을 따왔다는 것을 나타내는 문장부호예요.
큰따옴표는 인물이 소리 내어 한 말을 나타낼 때 써요.
"막내가 구덩이에 빠졌어!"라고 꺼병이가 말했어요.
위 문장에서 큰따옴표 안에 있는 말은
꺼병이가 소리 내어 한 말을 그대로 따온 거예요.
작은따옴표는 인물이 마음속으로 한 말을 나타낼 때 써요.
까투리는 '서둘러 가야겠어!'라고 생각했어요.
위 문장에서 작은따옴표 안에 있는 말은
까투리가 마음속으로 생각한 말을 따온 거예요.

걸린 시간 분 초

 **낱말을 익혀요**   본문에 수록된 주요 낱말들의 뜻을 익혀요.

1 구덩이
- 뜻: 땅이 둥그렇고 깊게 파인 곳
- 예문: 비가 많이 내린 뒤에 땅에 깊은 구덩이가 생겼어요.

2 꺼병이
- 뜻: 꿩의 어린 새끼
- 예문: 꺼병이가 엄마 까투리를 졸졸 따라다녀요.

3 까투리
- 뜻: 암컷인 꿩
- 예문: 꿩의 수컷은 장끼, 꿩의 암컷은 까투리라고 불러요.

단계별로 연습하기

1단계 올바른 발음을 익혀요.

발음이 어렵거나 헷갈리는 낱말들을 정확하게 읽어요.

① 따왔다는 [따완따는]　　② 빠졌어 [빠저써]
③ 작은따옴표 [자근따옴표]　④ 마음속으로 [마음쏘그로]
⑤ 가야겠어 [가야게써]　　⑥ 생각했어요 [생가캐써요]

2단계 듣고 따라 읽어요.

QR코드에서 들려주는 선생님의 음성을 들으며 읽는 연습을 해요.

1 정확하게 따라 읽어요.
2 속도에 맞춰 따라 읽어요.
3 자연스럽게 따라 읽어요.

3단계 다시 읽어봐요.

다시 소리 내어 읽고, 걸린 시간을 아래 빈칸에 써 보세요.

걸린 시간 ◯ 분 ◯ 초

정답 ▶ 157쪽

내용을 확인해요

본문에서 읽었던 내용을 떠올리며 아래 문제를 풀어봐요.

1 소리 내어 한 말을 그대로 따온 것은 무엇인가요?

① 배고파.　　② '배고파.'　　③ "배고파."

2 색으로 표시된 칸에 알맞은 문장부호를 쓰세요.

① 나는 속으로 생각했어요.

| 아 | , | 슬 | 프 | 다 | . |

② | 나 | 와 | 라 | , | 밥 | ! | 하고 말하면 밥이 나오는

신기한 맷돌이 있었어요.

04 큰따옴표와 작은따옴표 21

05. 안내견을 만나면?

1주차 5일

국어 1학년 2학기 | 5. 생각을 키워요

- 총 어절 수 60개
- 권장 읽기 시간 40초

아래 글을 소리 내어 읽고, 걸린 시간을 아래 빈칸에 써 보세요.

길을 가다가 노란색 조끼를 입은 안내견을 본 적이 있나요?
안내견은 시각 장애인이 길을 안전하게 걷도록 도와주는 개를 말해요.
안내견은 눈이 잘 보이지 않는 사람이 계단이나 문, 장애물 등을 피해
안전하게 보행하도록 돕기 위해 특별한 훈련을 받아요.
안내견은 시각 장애인을 안내하는 일을 하는 중이므로, 만지거나 부르면 안 돼요.
간식을 주거나 말을 걸어도 안 되고요.
안내견을 보면 조용히 지켜보고 마음속으로만 귀여워해 주세요.

걸린 시간 ( ) 분 ( ) 초

낱말을 익혀요

본문에 수록된 주요 낱말들의 뜻을 익혀요.

1 시각 장애인
- 뜻: 눈에 이상이 생겨 앞을 보지 못하거나 앞을 보기 어려운 사람
- 예문: **시각 장애인**이 혼자 길을 걷는 것은 위험해요.

2 보행
- 뜻: 걸어 다님
- 예문: 시각 장애인의 **보행**을 방해하지 않도록 조심해요.

3 훈련
- 뜻: 기본자세나 동작 등을 되풀이하여 익히거나 가르쳐서 익히게 함
- 예문: **훈련**을 무사히 마친 강아지만 안내견이 될 수 있어요.

단계별로 연습하기

1단계 — 올바른 발음을 익혀요.

발음이 어렵거나 헷갈리는 낱말들을 정확하게 읽어요.

① 입은 [이븐] ② 걷도록 [걷또록]
③ 돕기 [돕끼] ④ 특별한 [특뻘한]
⑤ 훈련 [훌련] ⑥ 걸어도 [거러도]

2단계 — 듣고 따라 읽어요.

QR코드에서 들려주는 선생님의 음성을 들으며 읽는 연습을 해요.

1 정확하게 따라 읽어요.
2 속도에 맞춰 따라 읽어요.
3 자연스럽게 따라 읽어요.

3단계 — 다시 읽어봐요.

다시 소리 내어 읽고, 걸린 시간을 아래 빈칸에 써 보세요.

걸린 시간   분   초

정답 ▶ 157쪽

내용을 확인해요

본문에서 읽었던 내용을 떠올리며 아래 문제를 풀어봐요.

1 안내견이 특별한 훈련을 받는 까닭은 무엇인가요?

① 주인에게 특별한 재롱을 보여주기 위해서
② 시각 장애인을 도와주기 위해서
③ 운동을 좋아하는 강아지라서

2 다음 중 안내견을 대하는 태도가 바르면 ○, 틀리면 × 하세요.

① 안내견에게 간식을 준다. (   )
② 안내견을 조용히 지켜본다. (   )
③ 마음속으로만 귀여워해 준다. (   )

2주차 1일 06 자음자를 바르게 읽어요

국어 1학년 2학기 | 6. 문장을 읽고 써요
- 총 어절 수 52개
- 권장 읽기 시간 40초

아래 글을 소리 내어 읽고, 걸린 시간을 아래 빈칸에 써 보세요.

자음자의 이름을 정확히 읽을 수 있나요?
'ㄱ'은 '기역'일까요? '기윽'일까요?
'ㅌ'은 '티읕'일까요? '티긑'일까요?
정답은 '기역', '티읕'이에요.
기역, 디귿, 시옷을 제외하고는 모두
'자음자 + ㅣ + 으 + 자음자'라고
읽는다고 알아두면 쉬워요.
'ㅋ + ㅣ + 으 + ㅋ(키읔)' 이렇게요.
그럼 자음자의 이름을 바르게 읽어 봅시다.
기역, 니은, 디귿, 리을, 미음, 비읍, 시옷, 이응, 지읒, 치읓, 키읔, 티읕, 피읖, 히읗!

걸린 시간   분   초

낱말을 익혀요
본문에 수록된 주요 낱말들의 뜻을 익혀요.

1 자음자
- 뜻: 자음을 나타내는 글자
- 예문: 한글에는 자음자와 모음자가 있어요.

2 제외하다
- 뜻: 어떤 것을 빼거나 넣지 않다
- 예문: 그 학원은 숙제 많은 것만 제외하면 다 좋아.

3 읽다
- 뜻: 글이나 글자를 보고 그 음대로 소리를 내어 말로 나타내다
- 예문: 성호는 자음자의 이름을 소리 내어 읽었어요.

 **단계별로 연습하기**

1단계 올바른 발음을 익혀요.

발음이 어렵거나 헷갈리는 낱말들을 정확하게 읽어요.

① 자음자 [자음짜]   ② 정확히 [정화키]
③ 읽을 수 [일글 쑤]   ④ 읽는다고 [잉는다고]
⑤ 알아두면 [아라두면]   ⑥ 이렇게요 [이러케요]

2단계 듣고 따라 읽어요.

QR코드에서 들려주는 선생님의 음성을 들으며 읽는 연습을 해요.

1 정확하게 따라 읽어요.
2 속도에 맞춰 따라 읽어요.
3 자연스럽게 따라 읽어요.

3단계 다시 읽어봐요.

다시 소리 내어 읽고, 걸린 시간을 아래 빈칸에 써 보세요.

걸린 시간   분   초

정답 ▶ 157쪽

 **내용을 확인해요**   본문에서 읽었던 내용을 떠올리며 아래 문제를 풀어봐요.

1 자음자의 이름을 올바르게 쓴 것에 ○ 하세요.

① ㅅ (시읏 / 시옷 / 시읃)

② ㅊ (치읏 / 치옷 / 치읓)

③ ㅎ (히읗 / 히긓 / 히읕)

2 다음을 읽고, 맞으면 ○, 틀리면 × 하세요.

① 'ㄱ'의 이름은 '기윽'이라고 읽는다.   (   )

② 'ㄴ'의 이름은 '니은'이라고 읽는다.   (   )

③ 자음자의 이름은 모두 '자음자 + ㅣ + 으 + 자음자'로 읽는다.   (   )

06 자음자를 바르게 읽어요

2주차 2일 07

국어 1학년 2학기 | 7. 무엇이 중요할까요?

- 총 어절 수 60개
- 권장 읽기 시간 40초

'아나바다'를 들어 보았나요?

아래 글을 소리 내어 읽고, 걸린 시간을 아래 빈칸에 써 보세요.

아나바다는 '아껴 쓰고, 나눠 쓰고,
바꿔 쓰고, 다시 쓰기'의
앞 글자를 따서 만든 말이에요.
아껴 쓰기는 물건을 함부로
쓰지 않고 아껴 쓰는 거예요.
나눠 쓰기는 나에게 필요 없는 물건을
다른 사람에게 나눠 주는 거예요.
바꿔 쓰기는 서로에게 필요한 물건을 바꾸어 사용하는 거예요.
다시 쓰기는 쓸 수 있는 물건을 버리지 않고 다시 쓰는 거예요.
아나바다는 자원도 절약하고 환경도 보호하는 좋은 방법이에요.

걸린 시간 ◯ 분 ◯ 초

 **낱말을 익혀요** 본문에 수록된 주요 낱말들의 뜻을 익혀요.

1 함부로
- 뜻: 조심하거나 깊이 생각하지 않고 마구
- 예문: 친구의 물건을 함부로 만지면 안 돼요.

2 자원
- 뜻: 인간 생활 및 경제 생산에 이용되는 원료, 노동력, 기술 등
- 예문: 물과 전기는 소중한 자원이니까 아껴 써야 해요.

3 절약
- 뜻: 마구 쓰지 않고 꼭 필요한 데에만 써서 아낌
- 예문: 종이를 절약하기 위해 뒷면까지 써야 해요.

단계별로 연습하기

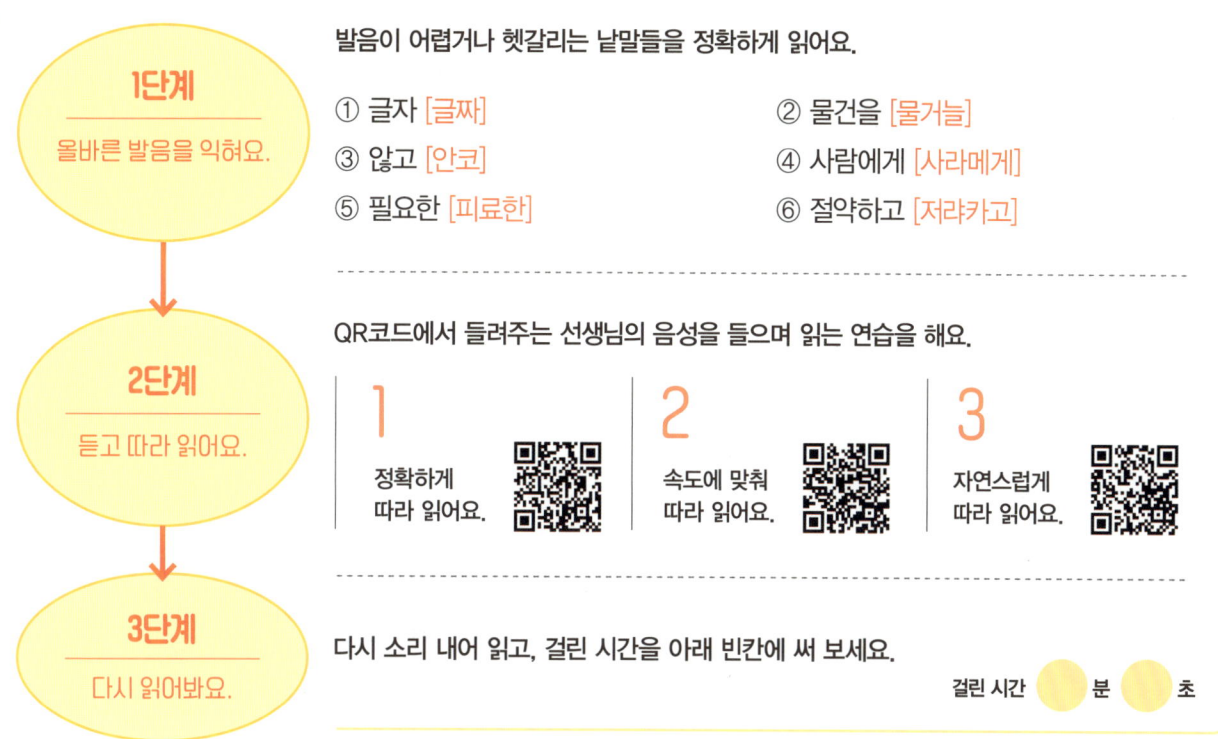

1단계 올바른 발음을 익혀요.

발음이 어렵거나 헷갈리는 낱말들을 정확하게 읽어요.

① 글자 [글짜]   ② 물건을 [물거늘]
③ 않고 [안코]   ④ 사람에게 [사라메게]
⑤ 필요한 [피료한]   ⑥ 절약하고 [저랴카고]

2단계 듣고 따라 읽어요.

QR코드에서 들려주는 선생님의 음성을 들으며 읽는 연습을 해요.

1 정확하게 따라 읽어요.
2 속도에 맞춰 따라 읽어요.
3 자연스럽게 따라 읽어요.

3단계 다시 읽어봐요.

다시 소리 내어 읽고, 걸린 시간을 아래 빈칸에 써 보세요.

걸린 시간 ◯ 분 ◯ 초

정답 ▶ 157쪽

내용을 확인해요

본문에서 읽었던 내용을 떠올리며 아래 문제를 풀어봐요.

1 다음을 읽고, 맞으면 ◯, 틀리면 ✕ 하세요.

① 나눠 쓰기는 자신이 필요 없는 물건을 버리는 것이다. (   )
② 바꿔 쓰기는 자신의 물건을 남의 물건과 서로 바꿔 쓰는 것이다. (   )
③ 다시 쓰기는 쓰던 물건을 버리고 새로 사는 것이다. (   )
④ 아나바다는 자원을 절약하고 환경을 보호하는 좋은 방법이다. (   )

2 빈칸에 알맞은 낱말을 쓰세요.

아나바다는 '▨▨ 쓰고, ▨▨ 쓰고, ▨▨ 쓰고, ▨▨ 쓰고'의 앞 글자를 따서 만든 말입니다.

07 '아나바다'를 들어 보았나요? 27

2주차 3일 08

국어 1학년 2학기 | 7. 무엇이 중요할까요?

- 총 어절 수 60개
- 권장 읽기 시간 40초

지도에서 독도를 찾아봐요

아래 글을 소리 내어 읽고, 걸린 시간을 아래 빈칸에 써 보세요.

독도는 우리나라 동쪽 끝에 있는 섬이에요.
독도의 큰 섬 두 개는 동도와 서도라고 불러요.
동도에는 등대가 있어서
밤에도 배가 길을 잘 찾을 수 있어요.
독도를 지키는 경비대도 동도에 있어요.
서도에는 사람들이 머물 수 있는 숙소가 있어요.
서도에는 땅에서 솟아나는 물이 있는데,
옛날에는 이 물을 마셨어요.
지금은 바닷물을 마실 수 있는 물로 바꿔서 사용해요.
우리나라 지도를 펴서 독도가 어디에 있는지 찾아보세요.

걸린 시간 ◯ 분 ◯ 초

 **낱말을 익혀요** 본문에 수록된 주요 낱말들의 뜻을 익혀요.

1 등대
- 뜻: 밤에 배가 길을 잘 찾을 수 있도록 불빛을 비추는 높은 건축물
- 예문: 등대는 높은 곳에서 불빛을 비추기 때문에 멀리서도 잘 보여요.

2 경비대
- 뜻: 적이 침략하지 못하게 주변을 살피고 지키는 사람들
- 예문: 경비대가 안전하게 지켜주어서 항상 든든해요.

3 숙소
- 뜻: 집이 아닌 잠시 머물러 생활하는 곳
- 예문: 우리 가족은 밤 10시가 넘어서 여행지 숙소에 도착했다.

단계별로 연습하기

1단계 — 올바른 발음을 익혀요.

발음이 어렵거나 헷갈리는 낱말들을 정확하게 읽어요.

① 독도 [독또]   ② 있어서 [이써서]
③ 숙소 [숙쏘]   ④ 솟아나는 [소사나는]
⑤ 바닷물 [바단물] ⑥ 찾아보세요 [차자보세요]

2단계 — 듣고 따라 읽어요.

QR코드에서 들려주는 선생님의 음성을 들으며 읽는 연습을 해요.

1. 정확하게 따라 읽어요.
2. 속도에 맞춰 따라 읽어요.
3. 자연스럽게 따라 읽어요.

3단계 — 다시 읽어봐요.

다시 소리 내어 읽고, 걸린 시간을 아래 빈칸에 써 보세요.

걸린 시간 분 초

정답 ▶ 157쪽

내용을 확인해요

본문에서 읽었던 내용을 떠올리며 아래 문제를 풀어봐요.

1 독도에 관한 설명으로 옳은 것은 무엇인가요?

① 독도는 바다로 둘러싸인 섬이에요.
② 독도는 우리나라의 서쪽 끝에 있어요.
③ 독도의 큰 섬 두 개는 남도와 북도예요.

2 시설과 위치를 바르게 연결하세요. (하나에 두 개 이상 연결할 수 있어요.)

① 동도 •   • ㉠ 등대
                   • ㉡ 숙소
                   • ㉢ 독도경비대
② 서도 •   • ㉣ 땅에서 솟아나는 물

08 지도에서 독도를 찾아봐요

2주차 4일
09

공부를 도와주는 말

국어 1학년 2학기 | 8. 느끼고 표현해요

- 총 어절 수 60개
- 권장 읽기 시간 40초

아래 글을 소리 내어 읽고, 걸린 시간을 아래 빈칸에 써 보세요.

공부를 도와주는 말이 있다는 걸 알고 있나요?
'확인하다'는 맞는지 알아보는 거예요.
이해한 것이 맞는지 확인하면 실수를 줄일 수 있어요.
'구별하다'는 다른 점을 알아내는 거예요.
다른 점을 구별하면 뜻을 정확하게 이해할 수 있어요.
'표현하다'는 생각이나 느낌을 말이나 글로 나타내는 거예요.
생각이나 느낌을 표현하면
생각이 명확해지고 글쓰기가 쉬워져요.
'활용하다'는 배운 것을 써먹는 거예요.
배운 단어를 문장에서 활용하면 더 오래 기억할 수 있어요.

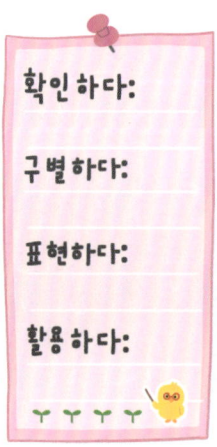

걸린 시간 분 초

 **낱말을 익혀요** 본문에 수록된 주요 낱말들의 뜻을 익혀요.

1 실수
- 뜻: 잘 알지 못하거나 조심하지 않아서 저지르는 잘못
- 예문: 세호는 문제를 잘못 읽어서 실수로 틀렸어요.

2 명확하다
- 뜻: 분명하고 확실하다
- 예문: 지도에 길이 명확하게 표시되어 있어서 찾기 쉬웠어요.

3 활용하다
- 뜻: 쓰임이나 능력을 충분히 잘 이용하다
- 예문: 규칙을 잘 활용하면 문제를 쉽게 풀 수 있어요.

단계별로 연습하기

1단계 — 올바른 발음을 익혀요.

발음이 어렵거나 헷갈리는 낱말들을 정확하게 읽어요.

① 맞는지 [만는지]　　② 실수 [실쑤]
③ 정확하게 [정화카게]　　④ 명확해지고 [명화캐지고]
⑤ 활용하다 [화룡하다]　　⑥ 써먹는 [써멍는]

2단계 — 듣고 따라 읽어요.

QR코드에서 들려주는 선생님의 음성을 들으며 읽는 연습을 해요.

1. 정확하게 따라 읽어요.
2. 속도에 맞춰 따라 읽어요.
3. 자연스럽게 따라 읽어요.

3단계 — 다시 읽어봐요.

다시 소리 내어 읽고, 걸린 시간을 아래 빈칸에 써 보세요.

걸린 시간　　분　　초

정답 ▶ 157쪽

내용을 확인해요

본문에서 읽었던 내용을 떠올리며 아래 문제를 풀어봐요.

1 '답이 맞는지 알아보다'와 관련 있는 낱말은 무엇인가요?

① 확인하다　　② 구별하다　　③ 표현하다

2 상황에 어울리는 낱말을 연결하세요.

① 새로 배운 낱말을 일기에 써봤어.　　•　　• ㉠ 구별하다
② '발명'과 '발견'의 다른 점을 알아봤어.　　•　　• ㉡ 표현하다
③ 내 기분을 말하고 썼어.　　•　　• ㉢ 활용하다
④ 네가 그 공식을 잘 이해했는지 물어볼게.　　•　　• ㉣ 확인하다

09 공부를 도와주는 말

두 마리의 소 이야기

2주차 5일 10

국어 1학년 2학기 | 8. 느끼고 표현해요

- 총 어절 수 60개
- 권장 읽기 시간 40초

아래 글을 소리 내어 읽고, 걸린 시간을 아래 빈칸에 써 보세요.

어느 날 황희 정승이 논을 지나다가 두 마리의 소가 일하는 것을 보았어요.
황희 정승이 멀리서 일하던 농부에게 큰 소리로 물었어요.
"어떤 소가 일을 더 잘합니까?"
농부는 황희 정승에게 다가와서 속삭였어요.
"검정소입니다. 누렁소는 힘만 좋고 요령이 부족해요."
그러자 황희 정승이 물었어요.
"왜 여기까지 와서 작게 말합니까?"
농부가 말했어요.
"소들도 험담을 들으면 기분이 나쁠 수 있으니까요."
황희 정승은 농부의 신중한 태도에 감탄했어요.

걸린 시간 　분　 　초

낱말을 익혀요

본문에 수록된 주요 낱말들의 뜻을 익혀요.

1 정승
- 뜻: 조선 시대에 나랏일을 맡아보던 가장 높은 벼슬
- 예문: 정승은 조선 시대의 벼슬인 영의정, 좌의정, 우의정을 말해요.

2 험담
- 뜻: 남의 부족한 점이나 잘못 등을 들추어 헐뜯는 말
- 예문: 험담보다 칭찬하는 습관을 길러요.

3 신중하다
- 뜻: 매우 조심스럽다
- 예문: 중요한 결정을 내릴 때는 신중해야 해요.

단계별로 연습하기

1단계 — 올바른 발음을 익혀요.

발음이 어렵거나 헷갈리는 낱말들을 정확하게 읽어요.

① 잘합니까 [잘함니까] ② 속삭였어요 [속싸겨써요]
③ 좋고 [조코] ④ 작게 [작께]
⑤ 험담을 [험다믈] ⑥ 들으면 [드르면]

2단계 — 듣고 따라 읽어요.

QR코드에서 들려주는 선생님의 음성을 들으며 읽는 연습을 해요.

1. 정확하게 따라 읽어요.
2. 속도에 맞춰 따라 읽어요.
3. 자연스럽게 따라 읽어요.

3단계 — 다시 읽어봐요.

다시 소리 내어 읽고, 걸린 시간을 아래 빈칸에 써 보세요.

걸린 시간 ◯ 분 ◯ 초

정답 ▶ 157쪽

내용을 확인해요

본문에서 읽었던 내용을 떠올리며 아래 문제를 풀어봐요.

1 '두 마리의 소 이야기'에 등장하는 인물을 <u>모두</u> 고르세요.

① 농부
② 나그네
③ 황희 정승
④ 농부의 아내

2 빈칸의 초성에 맞춰 알맞은 낱말을 쓰세요.

① 황희 [ㅈ | ㅅ] 이/가 논을 지나가고 있었어요.

② 농부는 소들이 [ㅎ | ㄷ] 을/를 듣고 기분이 나쁠까 봐 조심했어요.

③ 황희 정승은 농부의 [ㅅ | ㅈ] 한 태도에 감동했어요.

10 두 마리의 소 이야기

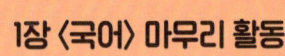 **1장 <국어> 마무리 활동**

 정답 ▶ 157쪽

1 1장에서 배운 내용을 생각하며, 아래의 낱말을 정확하게 읽어봐요.

1	풍기다	2	바람에
3	산산조각	4	뿌듯하다
5	안절부절	6	후련하다
7	흙을	8	밟다
9	닳다	10	구덩이
11	꺼병이	12	까투리
13	시각 장애인	14	보행
15	훈련	16	읽다
17	읽을	18	읽는
19	함부로	20	자원
21	절약	22	독도
23	등대	24	경비대
25	확인하다	26	구별하다
27	표현하다	28	정승
29	험담	30	신중하다

34 1장 국어

2 다음을 읽고, 맞으면 ○, 틀리면 ✕ 하세요.

5과 ① 안내견은 시각 장애인을 안내하는 역할을 한다. (   )

6과 ② 자음자 'ㅎ'은 [히읗]이라고 읽는다. (   )

7과 ③ '아나바다'를 실천하면 환경을 보호할 수 있다. (   )

8과 ④ 독도는 우리나라 남쪽 끝에 있는 섬이다. (   )

9과 ⑤ '표현하다'는 생각을 말이나 글로 나타내는 것이다. (   )

3 <보기>에서 알맞은 낱말을 골라 빈칸에 쓰세요.

> **보기**
>
> 등대   바람   험담   까투리   밟아서   후련하다

1과 ① 눈이 많이 오는 [   ]에 여행을 못 가게 됐다.

2과 ② 거짓말한 일을 솔직하게 말하고 나니 마음이 [   ].

3과 ③ 친구가 실수로 내 발을 [   ] 신발이 더러워졌다.

4과 ④ 꿩의 수컷은 '장끼'라고 부르고, 암컷은 '[   ]'(이)라고 한다.

10과 ⑤ 다른 사람을 [   ]하기보다는 좋은 면을 보려고 노력해야겠다.

2장

수학

11	수를 읽는 두 가지 방법
12	>, <은 어떻게 읽을까요?
13	물건을 셀 때 쓰는 낱말
14	짝수와 홀수
15	오전과 오후
16	환경위기시계는 지금 몇 시?
17	□, △, ○ 모양
18	내 이야기 들어 볼래?
19	규칙을 알면 똑똑해져요
20	물에도 발자국이 있다고요?

수를 읽는 두 가지 방법

3주차 1일 11

수학 1학년 2학기 | 1. 100까지의 수
- 총 어절 수 58개
- 권장 읽기 시간 40초

아래 글을 소리 내어 읽고, 걸린 시간을 아래 빈칸에 써 보세요.

수는 한자어와 고유어, 두 가지 방법으로 읽을 수 있어요.
'일(一), 이(二), 삼(三), 사(四), 오(五),
육(六), 칠(七), 팔(八), 구(九), 십(十),
이십(二十), 삼십(三十), 사십(四十), 오십(五十),
육십(六十), 칠십(七十), 팔십(八十), 구십(九十)'은 한자어예요.
'하나, 둘, 셋, 넷, 다섯, 여섯, 일곱, 여덟, 아홉, 열,
스물, 서른, 마흔, 쉰, 예순, 일흔, 여든, 아흔'은 고유어예요.
100은 '백'으로만 읽어요.
'백(百)'은 한자어예요.
수를 세고 읽는 방법을 연습해 보세요.

걸린 시간 ○ 분 ○ 초

낱말을 익혀요
본문에 수록된 주요 낱말들의 뜻을 익혀요.

1 한자어
- 뜻: 한자로 만든 말
- 예문: 우리말에는 한자어로 된 낱말이 많아요.

2 고유어
- 뜻: 우리나라에서 오래전부터 써 온 말
- 예문: '온'은 100을 뜻하는 고유어인데, 자주 쓰지 않아서 사라졌다고 한다.

3 방법
- 뜻: 어떤 일을 할 때 쓰는 수단이나 방식
- 예문: 나는 문제 푸는 방법을 몰라서 한참 고민했다.

단계별로 연습하기

1단계 올바른 발음을 익혀요.

발음이 어렵거나 헷갈리는 낱말들을 정확하게 읽어요.

① 한자어 [한짜어]　　② 읽을 [일글]
③ 육십 [육씹]　　　　④ 칠십 [칠씹]
⑤ 팔십 [팔씹]　　　　⑥ 여덟 [여덜]

2단계 듣고 따라 읽어요.

QR코드에서 들려주는 선생님의 음성을 들으며 읽는 연습을 해요.

1 정확하게 따라 읽어요.
2 속도에 맞춰 따라 읽어요.
3 자연스럽게 따라 읽어요.

3단계 다시 읽어봐요.

다시 소리 내어 읽고, 걸린 시간을 아래 빈칸에 써 보세요.

걸린 시간 분 초

정답 ▶ 158쪽

내용을 확인해요

본문에서 읽었던 내용을 떠올리며 아래 문제를 풀어봐요.

1 '74'를 고유어로 바르게 읽은 것은 무엇인가요?

① 칠십사　　② 일흔넷　　③ 마흔일곱

2 다음의 수를 고유어와 한자어로 읽으세요.

① 25
　고유어: _____
　한자어: _____

② 83
　고유어: _____
　한자어: _____

11 수를 읽는 두 가지 방법

>, <은 어떻게 읽을까요?

3주차 2일 12

수학 1학년 2학기 | 1. 100까지의 수
- 총 어절 수 60개
- 권장 읽기 시간 40초

아래 글을 소리 내어 읽고, 걸린 시간을 아래 빈칸에 써 보세요.

>, <의 이름은 '부등호'예요.

수의 크기를 비교할 때 사용하는 기호예요.

87과 75를 비교해 볼게요.

87은 10개씩 묶음이 8개이고,

75는 10개씩 묶음이 7개라서 87이 더 커요.

부등호로 나타낸 것은 두 가지 방법으로 읽어요.

87 > 75 (87은 75보다 큽니다.)

75 < 87 (75는 87보다 작습니다.)

부등호는 큰 수 쪽으로 입이 벌어져요.

동물이 먹이가 더 많이 있는 쪽으로 입을 벌렸다고 기억하면 돼요.

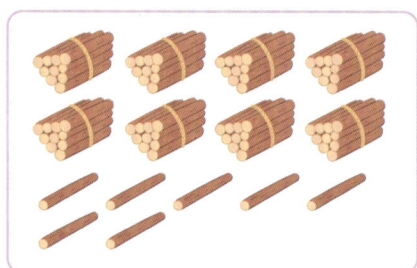

걸린 시간 ○ 분 ○ 초

낱말을 익혀요

본문에 수록된 주요 낱말들의 뜻을 익혀요.

1 부등호
- 뜻: 두 수를 비교할 때 어느 쪽이 더 큰지를 나타내는 기호
- 예문: 5와 3을 부등호로 비교하면 5 > 3, 또는 3 < 5예요.

2 묶음
- 뜻: 여러 개를 모아서 한 덩어리로 만든 것
- 예문: 87은 10개씩 묶음 8개와 낱개 7개예요.

3 먹이
- 뜻: 동물이 살기 위해 먹어야 하는 것
- 예문: 엄마 새는 아기 새에게 먹이를 물어다 줘요.

단계별로 연습하기

1단계 올바른 발음을 익혀요.

발음이 어렵거나 헷갈리는 낱말들을 정확하게 읽어요.

① 볼게요 [볼께요]   ② 묶음 [무끔]
③ 읽어요 [일거요]   ④ 큽니다 [큼니다]
⑤ 작습니다 [작씀니다]   ⑥ 먹이 [머기]

2단계 듣고 따라 읽어요.

QR코드에서 들려주는 선생님의 음성을 들으며 읽는 연습을 해요.

1 정확하게 따라 읽어요.
2 속도에 맞춰 따라 읽어요.
3 자연스럽게 따라 읽어요.

3단계 다시 읽어봐요.

다시 소리 내어 읽고, 걸린 시간을 아래 빈칸에 써 보세요.

걸린 시간   분   초

정답 ▶ 158쪽

내용을 확인해요

본문에서 읽었던 내용을 떠올리며 아래 문제를 풀어봐요.

1 부등호의 방향이 옳은 것은 무엇인가요?

① 45 < 38   ② 38 > 45   ③ 45 > 38

2 다음을 부등호로 나타내고, 어떻게 읽는지 쓰세요.

① 57 ☐ 96   읽기:

② 68 ☐ 52   읽기:

③ 33 ☐ 71   읽기:

13 물건을 셀 때 쓰는 낱말

3주차 3일

수학 1학년 2학기 | 1. 100까지의 수
- 총 어절 수 61개
- 권장 읽기 시간 40초

아래 글을 소리 내어 읽고, 걸린 시간을 아래 빈칸에 써 보세요.

물건을 셀 때, 한 개, 두 개 이렇게 세요.
그런데 물건에 따라 셀 때 쓰는 낱말이 달라요.
종이는 한 장, 연필은 한 자루라고 세요.
수박은 한 통, 배추는 한 포기라고 세요.
쌀은 한 톨, 차는 한 대라고 세요.
배는 한 척, 집은 한 채라고 세요.
신발, 양말은 두 짝이라서 한 켤레라고 세요.
수저는 숟가락과 젓가락을 합친 말로,
수저 한 벌이라고 부른답니다.

걸린 시간　　분　　초

낱말을 익혀요
본문에 수록된 주요 낱말들의 뜻을 익혀요.

1 톨
- 뜻: 밤이나 곡식의 낱알을 세는 단위
- 예문: 나는 밥 한 톨 남기지 않고 깨끗이 다 먹었어요.

2 켤레
- 뜻: 신발, 양말, 장갑 등 짝이 되는 두 개를 한 벌로 세는 단위
- 예문: 엄마는 예쁜 구두 한 켤레를 사셨어요.

3 수저
- 뜻: 숟가락과 젓가락 또는 '숟가락'을 달리 이르는 말
- 예문: 동생과 나는 수저를 식탁에 놓았어요.

단계별로 연습하기

1단계 올바른 발음을 익혀요.

발음이 어렵거나 헷갈리는 낱말들을 정확하게 읽어요.

① 이렇게 [이러케]   ② 물건에 [물거네]
③ 낱말 [난말]   ④ 연필은 [연피른]
⑤ 숟가락 [숟까락]   ⑥ 젓가락 [저까락/젇까락]

2단계 듣고 따라 읽어요.

QR코드에서 들려주는 선생님의 음성을 들으며 읽는 연습을 해요.

1 정확하게 따라 읽어요.
2 속도에 맞춰 따라 읽어요.
3 자연스럽게 따라 읽어요.

3단계 다시 읽어봐요.

다시 소리 내어 읽고, 걸린 시간을 아래 빈칸에 써 보세요.

걸린 시간 분 초

정답 ▶ 158쪽

내용을 확인해요

본문에서 읽었던 내용을 떠올리며 아래 문제를 풀어봐요.

1 다음 중 '척'으로 세는 것은 무엇인가요?

① 배   ② 옷   ③ 집

2 물건과 세는 말을 알맞게 연결하세요.

① 배추 •   • ㉠ 통
② 신발 •   • ㉡ 자루
③ 연필 •   • ㉢ 켤레
④ 수박 •   • ㉣ 포기

3주차 4일
14

짝수와 홀수

수학 1학년 2학기 | 1. 100까지의 수

- 총 어절 수 60개
- 권장 읽기 시간 40초

아래 글을 소리 내어 읽고, 걸린 시간을 아래 빈칸에 써 보세요.

짝수와 홀수를 쉽게 구분하는 방법은 무엇일까요?
둘씩 짝을 지을 때 남는 것이 없는 수가 짝수예요.
둘씩 짝을 지을 때 하나가 남는 수가 홀수예요.
짝수와 홀수의 규칙을 찾으면 더 쉽게 구분할 수 있어요.
짝수는 2, 4, 6, 8, 10, 12, 14, 16, 18, 20 등이에요.
홀수는 1, 3, 5, 7, 9, 11, 13, 15, 17, 19 등이에요.
끝자리에 반복되는 숫자를 발견했나요?

걸린 시간   분   초

 **낱말을 익혀요**   본문에 수록된 주요 낱말들의 뜻을 익혀요.

1 구분
- 뜻: 어떤 기준에 따라 나눔
- 예문: 내 동생은 빨간색 블록과 파란색 블록을 구분해서 정리했어요.

2 남다
- 뜻: 나머지가 있다
- 예문: 정연이는 쓰고 남은 돈을 지갑에 넣었어요.

3 끝자리
- 뜻: 숫자의 맨 마지막 자리
- 예문: 63의 끝자리 수는 3이다.

단계별로 연습하기

1단계 올바른 발음을 익혀요.

발음이 어렵거나 헷갈리는 낱말들을 정확하게 읽어요.

① 짝수 [짝쑤]   ② 홀수 [홀쑤]
③ 찾으면 [차즈면]   ④ 끝자리 [끋짜리]
⑤ 반복되는 [반복뙤는/반복뛔는]   ⑥ 숫자 [수짜/숟짜]

2단계 듣고 따라 읽어요.

QR코드에서 들려주는 선생님의 음성을 들으며 읽는 연습을 해요.

1 정확하게 따라 읽어요.   2 속도에 맞춰 따라 읽어요.   3 자연스럽게 따라 읽어요.

3단계 다시 읽어봐요.

다시 소리 내어 읽고, 걸린 시간을 아래 빈칸에 써 보세요.

걸린 시간 　 분 　 초

정답 ▶ 158쪽

내용을 확인해요

본문에서 읽었던 내용을 떠올리며 아래 문제를 풀어봐요.

1 짝수와 홀수의 끝자리에 ○ 하고, 반복되는 숫자를 쓰세요.

① 짝수: 2, 4, 6, 8, 10, 12, 14, 16, 18, 20

  짝수의 끝자리에 오는 숫자: 2 , 　 , 　 , 　 , 　

② 홀수: 1, 3, 5, 7, 9, 11, 13, 15, 17, 19

  홀수의 끝자리에 오는 숫자: 1 , 　 , 　 , 　 , 　

2 ( ) 안에 짝수이면 '짝', 홀수이면 '홀'이라고 쓰세요.

① 33 (　　)   ② 76 (　　)   ③ 100 (　　)

오전과 오후

3주차 5일 15

수학 1학년 2학기 | 3. 모양과 시각
- 총 어절 수 58개
- 권장 읽기 시간 40초

아래 글을 소리 내어 읽고, 걸린 시간을 아래 빈칸에 써 보세요.

자정부터 낮 열두 시까지를 오전이라고 해요.
낮 열두 시 이후부터 자정까지는 오후예요.
학교에 가는 날 오전에는 학교에서 생활해요.
하교 후 오후에 여러분은 무엇을 하나요?
해가 쨍하게 뜬 오후에 밖에서 놀다 보면
해가 잘 드는 곳과 그늘진 곳이 있어요.
해가 잘 드는 곳은 양달, 그늘진 곳은 응달
또는 음달이라고 해요.
더울 때는 음달에서 쉬고, 추울 때는 양달에서 햇볕을 쬐어요.

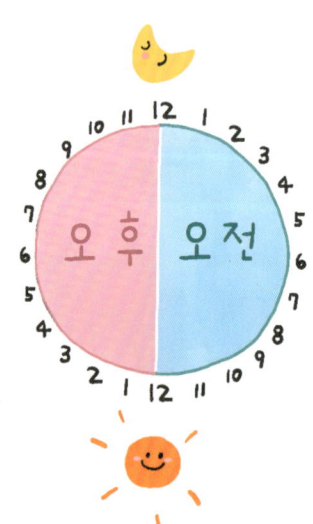

걸린 시간　분　초

낱말을 익혀요

본문에 수록된 주요 낱말들의 뜻을 익혀요.

1 자정
- 뜻: 밤 열두 시
- 예문: 자정을 알리는 종소리와 함께 새해가 밝았어요.

2 오전
- 뜻: 1. 아침부터 낮 열두 시까지의 동안
  2. 밤 열두 시부터 낮 열두 시까지의 동안
- 예문: 민아는 오전에 일찍 일어나서 아침밥을 먹어요.

3 오후
- 뜻: 1. 낮 열두 시부터 해가 질 때까지의 동안
  2. 낮 열두 시부터 밤 열두 시까지의 동안
- 예문: 나는 오후에 주로 학원에 있어요.

단계별로 연습하기

1단계 — 올바른 발음을 익혀요.

발음이 어렵거나 헷갈리는 낱말들을 정확하게 읽어요.

① 낮 [낟] ② 무엇 [무얻]
③ 밖에서 [바께서] ④ 곳과 [곧꽈]
⑤ 곳이 [고시] ⑥ 햇볕을 [해뼈틀/핻뼈틀]

2단계 — 듣고 따라 읽어요.

QR코드에서 들려주는 선생님의 음성을 들으며 읽는 연습을 해요.

1. 정확하게 따라 읽어요.
2. 속도에 맞춰 따라 읽어요.
3. 자연스럽게 따라 읽어요.

3단계 — 다시 읽어봐요.

다시 소리 내어 읽고, 걸린 시간을 아래 빈칸에 써 보세요.

걸린 시간 분 초

정답 ▶ 158쪽

내용을 확인해요

본문에서 읽었던 내용을 떠올리며 아래 문제를 풀어봐요.

1 다음 중 오전과 오후를 나누는 기준은 무엇인가요?

① 낮 열두 시 ② 낮 두 시 ③ 밤 열 시

2 서로 어울리는 낱말끼리 연결하세요.

① 그늘 • • ㉠ 양달
② 햇볕 • • ㉡ 음달
③ 아침 7시 • • ㉢ 오전
④ 낮 3시 • • ㉣ 오후

4주차 1일
16

수학 1학년 2학기 | 3. 모양과 시각

- 총 어절 수 60개
- 권장 읽기 시간 40초

환경위기시계는 지금 몇 시?

아래 글을 소리 내어 읽고, 걸린 시간을 아래 빈칸에 써 보세요.

지구를 지키는 특별한 시계가 있습니다.
시계의 이름은 '환경위기시계'입니다.
이 시계는 지구가 얼마나 위험한지를 알려줍니다.
0시부터 3시는 매우 안전, 3시부터 6시는 안전,
6시부터 9시는 위험, 9시부터 12시는 매우 위험을 의미합니다.
지금 세계의 환경위기시계는 9시를 넘었습니다.
지구의 온도가 높아지면서 홍수가 나거나 가뭄이 오래가고,
너무 춥거나 더운 날이 많아졌습니다.
이런 일들은 모두 기후가 달라져서 생긴 일입니다.
지금 지구는 우리에게 위험 신호를 보내고 있습니다.

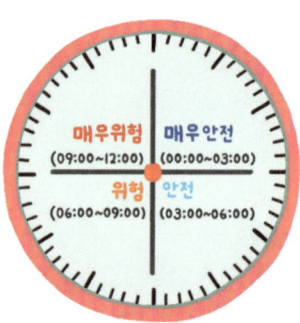

걸린 시간 분 초

 **낱말을 익혀요**   본문에 수록된 주요 낱말들의 뜻을 익혀요.

1 위기
- 뜻: 위험한 고비나 시기
- 예문: 바다 오염으로 바다거북이 큰 위기에 처해 있어요.

2 위험
- 뜻: 해를 입거나 다칠 가능성이 있어 안전하지 못한 상태
- 예문: 신호등을 지키지 않으면 위험해요.

3 기후
- 뜻: 일정한 지역에서 여러 해에 걸쳐 나타난 평균적인 날씨
- 예문: 기후가 변하면서 북극의 얼음이 점점 녹고 있어요.

 **단계별로 연습하기**

1단계 — 올바른 발음을 익혀요.

발음이 어렵거나 헷갈리는 낱말들을 정확하게 읽어요.

① 알려줍니다 [알려줌니다]   ② 넘었습니다 [너머씀니다]
③ 높아지면서 [노파지면서]   ④ 가뭄이 [가무미]
⑤ 많아졌습니다 [마나저씀니다]   ⑥ 일들은 [일드른]

2단계 — 듣고 따라 읽어요.

QR코드에서 들려주는 선생님의 음성을 들으며 읽는 연습을 해요.

1 정확하게 따라 읽어요.
2 속도에 맞춰 따라 읽어요.
3 자연스럽게 따라 읽어요.

3단계 — 다시 읽어봐요.

다시 소리 내어 읽고, 걸린 시간을 아래 빈칸에 써 보세요.

걸린 시간   분   초

정답 ▶ 158쪽

 **내용을 확인해요**   본문에서 읽었던 내용을 떠올리며 아래 문제를 풀어봐요.

1 시계를 보고, 시각과 환경위기시계의 단계를 쓰세요.

①	②	③
( )시 ( )분	( )시 ( )분	( )시 ( )분
( )	( )	( )

2 낱말의 뜻을 찾아 연결하세요.

① 기후 •   • ㉠ 오랫동안 비가 오지 않는 날씨

② 가뭄 •   • ㉡ 여러 해에 걸쳐 나타나는 평균적인 날씨

③ 홍수 •   • ㉢ 비가 많이 내려서 갑자기 크게 불어난 물

16 환경위기시계는 지금 몇 시? 49

4주차 2일 17

수학 1학년 2학기 | 3. 모양과 시각

● 총 어절 수 60개
● 권장 읽기 시간 40초

□, △, ○ 모양

아래 글을 소리 내어 읽고, 걸린 시간을 아래 빈칸에 써 보세요.

오늘 수학 시간에 모양의 이름을 정하는 회의를 했다.
수학책에 나오는 모양을 어떻게 부를지 친구들과 이야기했다.
누구는 색종이 모양, 누구는 삼각자 모양, 누구는 공 모양으로 부르자고 했다.
여러 의견이 나왔지만, 우리 반은 네모, 세모, 동그라미로 부르기로 했다.
이름을 정한 뒤에는 모양을 요리조리 살펴보았다.
세모와 네모는 뾰족한 부분이 있고, 동그라미는 뾰족한 곳이 없다는 걸 발견했다.
회의도 하고 모양도 살펴보는 수학 시간이 새로웠다.

걸린 시간 분 초

 **낱말을 익혀요**   본문에 수록된 주요 낱말들의 뜻을 익혀요.

1 회의
- 뜻: 여럿이 모여 의논함
- 예문: 어떤 놀이를 할지 회의로 정했어요.

2 삼각자
- 뜻: 삼각형으로 된 자
- 예문: 선생님께서 칠판에 삼각자를 대고 세모를 그리셨어요.

3 의견
- 뜻: 어떤 일이나 물건에 대해 나름대로 판단하여 가지는 생각
- 예문: 사람마다 의견이 다를 수 있어요.

 **단계별로 연습하기**

1단계 올바른 발음을 익혀요.

발음이 어렵거나 헷갈리는 낱말들을 정확하게 읽어요.

① 회의 [회의/훼이]　② 어떻게 [어떠케]
③ 색종이 [색쫑이]　④ 삼각자 [삼각짜]
⑤ 뾰족한 [뾰조칸]　⑥ 없다는 [업따는]

2단계 듣고 따라 읽어요.

QR코드에서 들려주는 선생님의 음성을 들으며 읽는 연습을 해요.

1 정확하게 따라 읽어요.　2 속도에 맞춰 따라 읽어요.　3 자연스럽게 따라 읽어요.

3단계 다시 읽어봐요.

다시 소리 내어 읽고, 걸린 시간을 아래 빈칸에 써 보세요.

걸린 시간 　분　 초

정답 ▶ 158쪽

내용을 확인해요　본문에서 읽었던 내용을 떠올리며 아래 문제를 풀어봐요.

1 아래 그림에 어울리는 이름을 <보기>에서 찾아 쓰세요.

보기: 네모, 세모, 동그라미

(　　) (　　) (　　)

2 모양을 설명한 것을 찾아 연결하세요.

① ☐　•　　•　㉠ 뾰족한 부분이 없고, 둥글다.

② △　•　　•　㉡ 뾰족한 부분이 네 군데 있다.

③ ◯　•　　•　㉢ 뾰족한 부분이 세 군데 있다.

17 ☐, △, ◯ 모양

4주차 3일
18

내 이야기 들어 볼래?

수학 1학년 2학기 | 4. 덧셈과 뺄셈

- 총 어절 수 60개
- 권장 읽기 시간 40초

아래 글을 소리 내어 읽고, 걸린 시간을 아래 빈칸에 써 보세요.

내 이야기 들어 볼래? 마지막에 내가 문제를 낼 테니까 주의깊게 잘 들어봐.

비가 내리던 어느 날, 511번 시내버스가 종점에서 출발했어.

처음 정류장에서 3명이 탔어.

다음 정류장에서는 4명이 탔어.

그다음 정류장에서는 2명이 탔어.

운전기사는 오늘 승객이 아무도 안 내려서 이상하다고 생각했지.

그런데 다음 정류장에서는 5명이 내렸어.

자, 이제 질문한다.

511번 버스는 지금까지 몇 개의 정류장을 지났게?

헤헤헤. 그걸 물어볼 줄은 몰랐지?

걸린 시간 분 초

 **낱말을 익혀요** 본문에 수록된 주요 낱말들의 뜻을 익혀요.

1 종점
- 뜻: 기차나 버스가 마지막으로 멈추는 곳
- 예문: 시내버스는 종점과 종점을 오고가요.

2 정류장
- 뜻: 사람이 타고 내릴 수 있게 버스나 택시 등이 멈추는 장소
- 예문: 정류장에 사람들이 줄을 서 있었어요.

3 승객
- 뜻: 자동차, 열차, 비행기, 배 등에 타는 손님
- 예문: 비행기에 승객이 꽉 차서 빈자리가 없었어요.

단계별로 연습하기

1단계 올바른 발음을 익혀요.

발음이 어렵거나 헷갈리는 낱말들을 정확하게 읽어요.

① 종점 [종쩜]　　② 정류장 [정뉴장]
③ 탔어 [타써]　　④ 승객이 [승개기]
⑤ 내렸어 [내려써]　⑥ 물어볼 [무러볼]

2단계 듣고 따라 읽어요.

QR코드에서 들려주는 선생님의 음성을 들으며 읽는 연습을 해요.

1 정확하게 따라 읽어요.
2 속도에 맞춰 따라 읽어요.
3 자연스럽게 따라 읽어요.

3단계 다시 읽어봐요.

다시 소리 내어 읽고, 걸린 시간을 아래 빈칸에 써 보세요.

걸린 시간　분　초

정답 ▶ 158쪽

내용을 확인해요

본문에서 읽었던 내용을 떠올리며 아래 문제를 풀어봐요.

1 이야기 속 511번 시내버스에 남아 있는 승객은 몇 명인가요?

(　　)명

2 빈칸의 초성에 맞춰 알맞은 낱말을 쓰세요.

① 버스가 [ㅈ][ㅈ] 에서 출발했어요.

② [ㅈ][ㄹ][ㅈ] 에서 사람들이 시내버스를 기다리고 있어요.

③ 버스에 [ㅅ][ㄱ] 이/가 많아서 앉을 자리가 없었어요.

4주차 4일 19

규칙을 알면 똑똑해져요

수학 1학년 2학기 | 5. 규칙 찾기
- 총 어절 수 61개
- 권장 읽기 시간 40초

아래 글을 소리 내어 읽고, 걸린 시간을 아래 빈칸에 써 보세요.

우리 주변에는 다양한 규칙이 있다.

건물은 1층 위에 2층, 2층 위에 3층처럼 숫자가 차례대로 하나씩 커지는 규칙이 있다.

학교 책상은 줄을 맞춰 놓여 있고, 달력에는 요일이 반복된다.

운동장에 줄을 서는 자리도 일정한 간격으로 정해져 있다.

신호등도 초록-노랑-빨강의 정해진 순서로 바뀐다.

이렇게 반복되거나 일정한 순서가 있는 것을 규칙이라고 한다.

규칙을 알면 다음에 일어날 일을 짐작할 수 있어서 생활에 도움이 된다.

걸린 시간 ( ) 분 ( ) 초

 **낱말을 익혀요**   본문에 수록된 주요 낱말들의 뜻을 익혀요.

1 일정하다
- 뜻: 여럿의 크기, 모양, 시간, 범위 등이 하나로 정해져서 똑같다
- 예문: 엄마는 만두를 일정한 크기로 잘 빚으셨다.

2 간격
- 뜻: 거리나 시간이 벌어진 정도
- 예문: 도로 양옆에는 가로수들이 일정한 간격으로 서 있다.

3 짐작하다
- 뜻: 사정이나 형편 등을 어림잡아 생각하다
- 예문: 신호등이 노랑으로 바뀌어서 곧 빨간불이 될 거라고 짐작했다.

단계별로 연습하기

1단계 올바른 발음을 익혀요.

발음이 어렵거나 헷갈리는 낱말들을 정확하게 읽어요.

① 학교 [학꾜] ② 책상 [책쌍]
③ 놓여 [노여] ④ 일정한 [일쩡한]
⑤ 다음에 [다으메] ⑥ 짐작할 [짐자칼]

2단계 듣고 따라 읽어요.

QR코드에서 들려주는 선생님의 음성을 들으며 읽는 연습을 해요.

1 정확하게 따라 읽어요.
2 속도에 맞춰 따라 읽어요.
3 자연스럽게 따라 읽어요.

3단계 다시 읽어봐요.

다시 소리 내어 읽고, 걸린 시간을 아래 빈칸에 써 보세요.

걸린 시간 　분　　초

정답 ▶ 158쪽

내용을 확인해요

본문에서 읽었던 내용을 떠올리며 아래 문제를 풀어봐요.

1 규칙에 따라 빈칸에 알맞은 모양을 그려 넣으세요.

□ △ ○ □ △ 　 □ △ ○

2 빈칸의 초성에 맞춰 알맞은 낱말을 쓰세요.

① 달력에는 요일이 | ㅂ | ㅂ | 된다.

② 책상과 책상의 간격이 | ㅇ | ㅈ | 하다.

③ 다음에 무슨 일이 일어날지 | ㅈ | ㅈ | 했다.

4주차 5일
20

물에도 발자국이 있다고요?

수학 1학년 2학기 | 5. 규칙 찾기
- 총 어절 수 60개
- 권장 읽기 시간 40초

아래 글을 소리 내어 읽고, 걸린 시간을 아래 빈칸에 써 보세요.

우리가 먹는 음식, 입는 옷, 사용하는 물건을
만들고, 쓰고, 버리는 모든 과정에 물이 사용돼요.
물 발자국은 이렇게 쓰인 물의 양을 모두 더한 거예요.
물 발자국 숫자가 클수록 물을 많이 쓴 거고,
숫자가 작을수록 물을 적게 쓴 거예요.
제품별 물 발자국 표를 보면
우리가 먹는 음식이나 사용하는 물건이
얼마나 많은 물을 쓰는지 알게 돼요.
표를 보고 물을 절약할 방법을 생각해 보아요.

걸린 시간   분   초

낱말을 익혀요

본문에 수록된 주요 낱말들의 뜻을 익혀요.

1 과정
- 뜻: 어떤 일이 진행되어 가는 경로
- 예문: 옷을 만들 때 실을 만들고 염색하는 과정에서 물이 사용돼요.

2 제품
- 뜻: 재료를 사용해서 만든 물건
- 예문: 초콜릿은 물 발자국이 큰 제품이에요.

3 표
- 뜻: 어떤 내용을 보기 쉽게 정리해서 만든 것
- 예문: 아빠는 마트에서 살 물건을 표로 정리하셨어요.

 **단계별로 연습하기**

1단계 올바른 발음을 익혀요.

발음이 어렵거나 헷갈리는 낱말들을 정확하게 읽어요.

① 먹는 [멍는] ② 입는 [임는]
③ 물이 [무리] ④ 발자국 [발짜국]
⑤ 적게 [적께] ⑥ 생각해 [생가캐]

2단계 듣고 따라 읽어요.

QR코드에서 들려주는 선생님의 음성을 들으며 읽는 연습을 해요.

1 정확하게 따라 읽어요.
2 속도에 맞춰 따라 읽어요.
3 자연스럽게 따라 읽어요.

3단계 다시 읽어봐요.

다시 소리 내어 읽고, 걸린 시간을 아래 빈칸에 써 보세요.

걸린 시간 분 초

정답 ▶ 158쪽

 **내용을 확인해요**

본문에서 읽었던 내용을 떠올리며 아래 문제를 풀어봐요.

1 물 발자국이 크다는 의미는 무엇인가요?

① 물을 많이 썼어요.
② 물을 적게 썼어요.
③ 물이 깨끗해졌어요.

2 글을 바르게 이해하지 못한 친구의 말을 고르세요.

① 지우: 물건을 만들고 쓰고 버릴 때 모두 물이 사용돼.
② 민준: 물을 아끼려면 물 발자국 숫자가 큰 제품을 써야 해.
③ 성욱: 우리가 먹는 음식과 입는 옷을 만들 때도 물이 필요해.

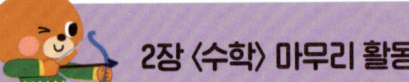 

2장 〈수학〉 마무리 활동

정답 ▶ 158쪽

1 2장에서 배운 내용을 생각하며, 아래의 낱말을 정확하게 읽어봐요.

1	한자어	2	고유어
3	방법	4	부등호
5	큽니다	6	작습니다
7	낱말	8	툴
9	켤레	10	짝수
11	홀수	12	끝자리
13	자정	14	오전
15	오후	16	환경위기시계
17	가뭄	18	기후
19	회의	20	삼각자
21	의견	22	종점
23	정류장	24	승객
25	규칙	26	일정하다
27	짐작하다	28	과정
29	물 발자국	30	제품

2장에 실린 내용들을 잘 이해했는지 다시 한번 문제를 풀면서 확인해 보아요.

2 다음을 읽고, 맞으면 O, 틀리면 ✕ 하세요.

[11과] ① 숫자 7을 읽을 때, '일곱'은 고유어이다. (   )

[13과] ② 양말을 세는 말은 자루이다. (   )

[14과] ③ 둘씩 짝을 지을 때 하나가 남는 수는 홀수이다. (   )

[15과] ④ 해가 잘 드는 곳을 양달이라고 한다. (   )

[20과] ⑤ 물 발자국 숫자가 클수록 물을 적게 쓴 것이다. (   )

3 <보기>에서 알맞은 낱말을 골라 빈칸에 쓰세요.

보기
규칙   기후   승객   회의   큽니다   작습니다

[12과] ① 23은 76보다 [   ].

[16과] ② 지구의 온도가 높아지면서 [   ]이/가 달라졌다.

[17과] ③ 친구들과 모양의 이름을 정하는 [   ]을/를 했다.

[18과] ④ 기차역에 [   ]들이 많이 기다리고 있다.

[19과] ⑤ 반복되거나 일정한 순서가 있는 것을 [   ](이)라고 한다.

마무리 활동 59

통합 | 하루

21	잠을 잘 자는 비결은?
22	내가 학교에 있을 때
23	모차르트 자장가의 비밀
24	'목도소리'를 들어봤나요?
25	안전 수칙을 지켜요
26	우리 집 구급상자
27	지진이 났을 때는?
28	신호등이 없다면?
29	일과가 무슨 뜻일까요?
30	신나는 리듬을 만들어요

21. 잠을 잘 자는 비결은?

5주차 1일

하루 1학년 2학기 | • 하루의 시작
- 총 어절 수 60개
- 권장 읽기 시간 40초

아래 글을 소리 내어 읽고, 걸린 시간을 아래 빈칸에 써 보세요.

키가 쑥쑥 자라고 건강해지는 비결 중 하나는 잠을 푹 자는 거예요.
낮에 햇볕을 쬐면 비타민 디(D)가 만들어지고, 잠을 잘 자게 하는 물질이 나온대요.
적당한 운동은 잠을 잘 자게 하지만, 너무 늦게까지 운동하면
오히려 잠을 방해할 수 있으니 조심해요.
잠자기 2시간 전에 따뜻한 물로 목욕하는 습관은 위생에도, 숙면에도 좋아요.
또, 잘 때는 방 불빛을 어둡게 하고, 온도와 습도를 알맞게 조절해 보세요.

걸린 시간 ○ 분 ○ 초

낱말을 익혀요

본문에 수록된 주요 낱말들의 뜻을 익혀요.

1. 위생
- 뜻: 몸을 깨끗하고 건강하게 지키기 위해 하는 일
- 예문: 감기에 걸리지 않으려면 위생을 철저히 해야 한대요.

2. 숙면
- 뜻: 잠이 깊이 듦
- 예문: 아빠가 커피 때문에 숙면에 들지 못해서 뒤척이셨어요.

3. 습도
- 뜻: 공기 속에 수증기가 포함되어 있는 정도
- 예문: 습도가 높으면 공기가 눅눅하고, 낮으면 건조해요.

단계별로 연습하기

1단계 — 올바른 발음을 익혀요.

발음이 어렵거나 헷갈리는 낱말들을 정확하게 읽어요.

① 햇볕 [해뼏/핻뼏]　② 늦게까지 [늗께까지]
③ 목욕하는 [모교카는]　④ 습관 [습꽌]
⑤ 숙면 [숭면]　⑥ 습도 [습또]

2단계 — 듣고 따라 읽어요.

QR코드에서 들려주는 선생님의 음성을 들으며 읽는 연습을 해요.

1 정확하게 따라 읽어요.
2 속도에 맞춰 따라 읽어요.
3 자연스럽게 따라 읽어요.

3단계 — 다시 읽어봐요.

다시 소리 내어 읽고, 걸린 시간을 아래 빈칸에 써 보세요.

걸린 시간　○ 분　○ 초

정답 ▶ 159쪽

내용을 확인해요

본문에서 읽었던 내용을 떠올리며 아래 문제를 풀어봐요.

1 잠을 잘 자는 데 도움이 되는 것은 무엇인가요?

① 늦게까지 힘들게 운동해요.
② 낮에 햇빛을 적당히 쬐어요.
③ 잘 때 불을 환하게 켜 놓아요.

2 문장과 관계있는 낱말을 찾아 연결하세요.

① 나는 어제 잠을 깊이 푹 잤어요.　•　　•　㉠ 위생
② 방이 눅눅하거나 건조하지 않아요.　•　　•　㉡ 습도
③ 밥 먹기 전에 손을 씻어요.　•　　•　㉢ 숙면

22 내가 학교에 있을 때

5주차 2일

하루 1학년 2학기 | 모두의 하루
- 총 어절 수 60개
- 권장 읽기 시간 40초

아래 글을 소리 내어 읽고, 걸린 시간을 아래 빈칸에 써 보세요.

사람들은 같은 시간에도 다른 일을 해요.
나는 학교에서 공부하고 있을 때,
은행에서는 사람들이 통장을 만들어요.
병원에서는 의사 선생님이 환자를 진찰하고,
마트에서는 사람들이 물건을 사요.
경찰서에서는 경찰관이 나쁜 일을 한 사람을 잡으러 급하게 움직여요.
소방서에서는 소방관이 언제든지 출동할 수 있게 준비해요.
밤새워 일한 소방관은 낮에 자요.
똑같은 시간에도 어떤 사람은 일하고, 어떤 사람은 쉬거나 자요.
서로 다르게 살아가는 하루를 존중해야 해요.

걸린 시간   분   초

낱말을 익혀요

본문에 수록된 주요 낱말들의 뜻을 익혀요.

1 진찰
- 뜻: 의사가 치료를 위하여 환자의 병이나 상태를 살핌
- 예문: 다친 친구는 병원에서 의사 선생님의 진찰을 받았어요.

2 출동
- 뜻: 어떤 일을 하려고 사람들이 바로 나감
- 예문: 도둑이 들었다는 신고를 받고 경찰이 출동했어요.

3 존중
- 뜻: 의견이나 사람을 높이어 귀중하게 여김
- 예문: 서로의 의견이 달라도 다른 의견을 존중해야 해요.

단계별로 연습하기

1단계 올바른 발음을 익혀요.

발음이 어렵거나 헷갈리는 낱말들을 정확하게 읽어요.

① 학교 [학꾜] ② 급하게 [그파게]
③ 소방관이 [소방과니] ④ 출동 [출똥]
⑤ 낮에 [나제] ⑥ 똑같은 [똑까튼]

2단계 듣고 따라 읽어요.

QR코드에서 들려주는 선생님의 음성을 들으며 읽는 연습을 해요.

1. 정확하게 따라 읽어요.
2. 속도에 맞춰 따라 읽어요.
3. 자연스럽게 따라 읽어요.

3단계 다시 읽어봐요.

다시 소리 내어 읽고, 걸린 시간을 아래 빈칸에 써 보세요.

걸린 시간 ◯ 분 ◯ 초

정답 ▶ 159쪽

내용을 확인해요

본문에서 읽었던 내용을 떠올리며 아래 문제를 풀어봐요.

1 다음 중 옳은 설명은 무엇인가요?

① 낮에 쉬거나 자는 사람도 있어요.
② 경찰서에서는 사람들이 물건을 사요.
③ 사람들은 같은 시간에 모두 같은 일을 해요.

2 빈칸의 초성에 맞춰 알맞은 낱말을 쓰세요.

① 의사 선생님은 환자를 자세히 [ㅈ][ㅊ]해요.

② 119 신고가 들어오면 소방관은 바로 [ㅊ][ㄷ]해요.

하루 1학년 2학기 | • 자장가

• 총 어절 수 53개
• 권장 읽기 시간 40초

23 모차르트 자장가의 비밀

5주차 3일

아래 글을 소리 내어 읽고, 걸린 시간을 아래 빈칸에 써 보세요.

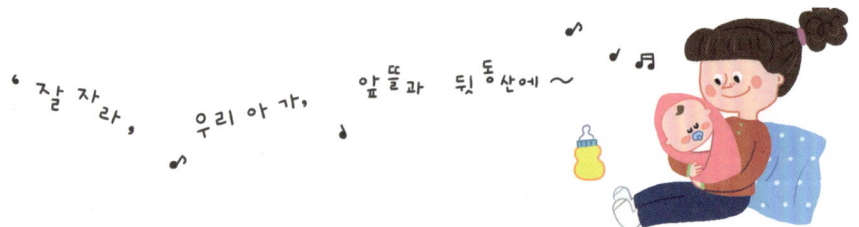

모차르트는 오스트리아에서 태어난 천재 음악가예요.
어릴 때부터 피아노와 바이올린을 잘 연주하고 멋진 곡도 많이 만들었어요.
그런데 우리가 아는 '모차르트 자장가'는 사실 모차르트가 만든 곡이 아니래요.
독일의 도서관에서 발견된 악보에 '고터의 자장가'라고 쓰여 있었거든요.
독일의 의사이자 작곡가인 베르나르드 플리스가 고터의 시에 곡을 붙인 거예요.
하지만 사람들이 오랫동안 모차르트의 곡으로 생각해서
지금도 '모차르트 자장가'라고 불린답니다.

걸린 시간　　분　　초

낱말을 익혀요

본문에 수록된 주요 낱말들의 뜻을 익혀요.

1 곡
- 뜻: 작곡된 음악의 작품 또는 음악을 연주할 때 나오는 소리의 흐름
- 예문: 이 곡은 듣기만 해도 마음이 편안해져요.

2 자장가
- 뜻: 어린아이를 재울 때 부르는 노래
- 예문: 부드러운 자장가 소리에 아기가 곤히 잠들었어요.

3 악보
- 뜻: 음악을 연주할 소리를 음표로 기록해 놓은 것
- 예문: 다연이는 악보를 보면서 피아노를 연주했어요.

단계별로 연습하기

1단계 올바른 발음을 익혀요.

발음이 어렵거나 헷갈리는 낱말들을 정확하게 읽어요.

① 음악가 [으막까]   ② 멋진 [먿찐]
③ 많이 [마니]   ④ 악보 [악뽀]
⑤ 붙인 [부친]   ⑥ 오랫동안 [오래똥안/오랟똥안]

2단계 듣고 따라 읽어요.

QR코드에서 들려주는 선생님의 음성을 들으며 읽는 연습을 해요.

1 정확하게 따라 읽어요.
2 속도에 맞춰 따라 읽어요.
3 자연스럽게 따라 읽어요.

3단계 다시 읽어봐요.

다시 소리 내어 읽고, 걸린 시간을 아래 빈칸에 써 보세요.

걸린 시간 ⬤ 분 ⬤ 초

정답 ▶ 159쪽

내용을 확인해요

본문에서 읽었던 내용을 떠올리며 아래 문제를 풀어봐요.

1 모차르트 자장가를 작곡한 사람은 누구인가요?

① 고터   ② 모차르트   ③ 베르나르드 플리스

2 빈칸의 초성에 맞춰 알맞은 낱말을 쓰세요.

① 모차르트는 오스트리아에서 태어난 [ㅊ ㅈ] 음악가예요.

② 발견된 [ㅇ ㅂ] 덕분에 모차르트 자장가의 진짜 작곡가를 알게 됐어요.

③ 고터의 시에 베르나르드 플리스가 [ㄱ]을/를 붙였어요.

23 모차르트 자장가의 비밀 67

'목도소리'를 들어봤나요?

5주차 4일 24

하루 1학년 2학기 | ● 다양한 하루
● 총 어절 수 60개
● 권장 읽기 시간 40초

아래 글을 소리 내어 읽고, 걸린 시간을 아래 빈칸에 써 보세요.

'목도소리'는 무거운 돌이나 나무를 옮길 때 부르는 노래예요.
무거운 물건을 밧줄로 묶어서 사람들이 힘을 합쳐 나를 때 부르죠.
'메기는소리'는 한 사람이 먼저 부르는 소리이고,
'받는소리'는 나머지 사람들이 함께 따라 부르는 소리예요.
메기는소리와 받는소리가 이어지면서
힘을 내고 호흡을 맞춰요.
이렇게 일을 할 때 같이 노래를 부르면
힘든 일이 더 쉽게 느껴지고, 마음도 가까워져요.
목도소리는 함께 일하고
서로 돕는 마음이 담긴 소리예요.

걸린 시간   분   초

낱말을 익혀요
본문에 수록된 주요 낱말들의 뜻을 익혀요.

1 옮기다
- 뜻: 한곳에서 다른 곳으로 이동하게 하다
- 예문: 아빠는 화분에 있던 나무를 마당에 옮겨 심으셨어요.

2 밧줄
- 뜻: 세 가닥 줄을 꼬아서 굵게 만든 줄
- 예문: 밧줄이 튼튼해서 안 끊어졌어요.

3 합치다
- 뜻: 여럿을 하나로 모으다
- 예문: 점수를 합치니 내가 1등이에요.

단계별로 연습하기

1단계 올바른 발음을 익혀요.

발음이 어렵거나 헷갈리는 낱말들을 정확하게 읽어요.

① 목도소리 [목또소리] ② 옮길 [옴길]
③ 밧줄 [받쭐] ④ 묶어서 [무꺼서]
⑤ 받는소리 [반는소리] ⑥ 같이 [가치]

2단계 듣고 따라 읽어요.

QR코드에서 들려주는 선생님의 음성을 들으며 읽는 연습을 해요.

1 정확하게 따라 읽어요.
2 속도에 맞춰 따라 읽어요.
3 자연스럽게 따라 읽어요.

3단계 다시 읽어봐요.

다시 소리 내어 읽고, 걸린 시간을 아래 빈칸에 써 보세요.

걸린 시간 분 초

정답 ▶ 159쪽

내용을 확인해요

본문에서 읽었던 내용을 떠올리며 아래 문제를 풀어봐요.

1 알맞은 내용끼리 연결하세요.

① 목도소리 • • ㉠ 무거운 돌이나 나무를 옮길 때 부르는 노래

② 받는소리 • • ㉡ 민요를 부를 때 한 사람이 앞서 부르는 소리

③ 메기는소리 • • ㉢ 메기는소리를 받아 사람들이 함께 부르는 소리

2 빈칸의 초성에 맞춰 알맞은 낱말을 쓰세요.

① 짐이 무거워서 ㅇ ㄱ 수가 없다.

② 나무에 ㅂ ㅈ 을/를 걸어 그네를 만들었다.

안전 수칙을 지켜요

하루 1학년 2학기 | 집에서도 조심해

- 총 어절 수 60개
- 권장 읽기 시간 40초

아래 글을 소리 내어 읽고, 걸린 시간을 아래 빈칸에 써 보세요.

집에서 다친 경험이 있나요?
집에서 안전하게 생활하려면 규칙을 지켜야 해요.
욕실 바닥은 물기 때문에 미끄러울 수 있으니 조심해야 해요.
물기가 있는 손으로 전기 제품을 만지면 위험해요.
부엌에는 뜨거운 냄비나 날카로운 칼이 있으니 주의하고요.
특히 베란다 난간에 기대거나 몸을 내미는 행동은
절대 하면 안 돼요.
난간 밖으로 물건을 던져서도 안 되고요.
안전 수칙을 잘 지키면 집에서
더 안전하게 지낼 수 있어요!

걸린 시간   분   초

낱말을 익혀요

본문에 수록된 주요 낱말들의 뜻을 익혀요.

1 경험
- 뜻: 실제로 해 보거나 겪어 봄
- 예문: 저는 첫 발표에서 너무 떨었던 경험이 기억에 남아요.

2 난간
- 뜻: 떨어지지 않게 계단이나 다리 가장자리에 만든 울타리
- 예문: 은수는 다리가 아파서 난간을 붙잡고 조심조심 계단을 내려왔어요.

3 수칙
- 뜻: 지키도록 정한 규칙
- 예문: 비행기가 출발하기 전에 승무원이 안전 수칙을 알려주었어요.

단계별로 연습하기

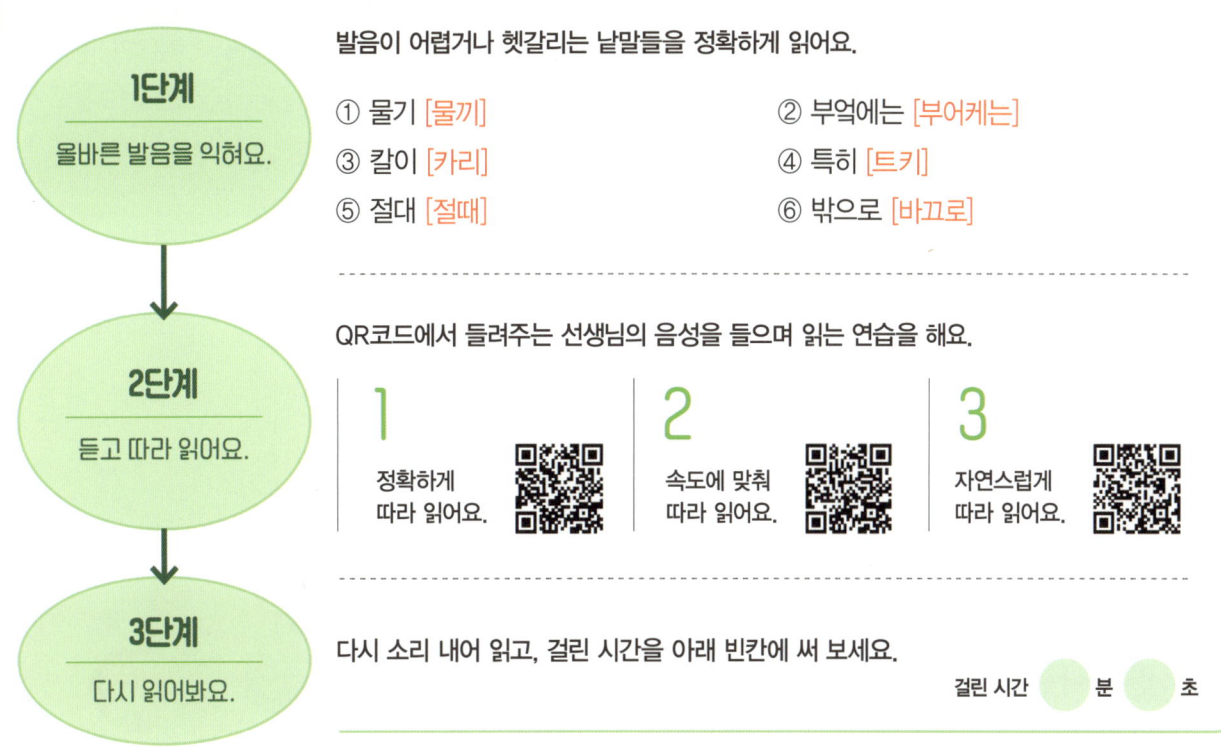

1단계 올바른 발음을 익혀요.

발음이 어렵거나 헷갈리는 낱말들을 정확하게 읽어요.

① 물기 [물끼] ② 부엌에는 [부어케는]
③ 칼이 [카리] ④ 특히 [트키]
⑤ 절대 [절때] ⑥ 밖으로 [바끄로]

2단계 듣고 따라 읽어요.

QR코드에서 들려주는 선생님의 음성을 들으며 읽는 연습을 해요.

1 정확하게 따라 읽어요.
2 속도에 맞춰 따라 읽어요.
3 자연스럽게 따라 읽어요.

3단계 다시 읽어봐요.

다시 소리 내어 읽고, 걸린 시간을 아래 빈칸에 써 보세요.

걸린 시간 ◯ 분 ◯ 초

정답 ▶ 159쪽

내용을 확인해요

본문에서 읽었던 내용을 떠올리며 아래 문제를 풀어봐요.

1 다음을 읽고, 맞으면 O, 틀리면 ✕ 하세요.

① 집은 안전해서 사고가 날 염려가 없다. (   )

② 욕실 바닥은 물기 때문에 미끄러울 수 있다. (   )

③ 부엌에는 맛있는 음식이 있으므로 위험하지 않다. (   )

2 빈칸의 초성에 맞춰 알맞은 낱말을 쓰세요.

① 베란다 [ㄴ][ㄱ]에 기대거나 몸을 내밀면 위험해요.

② 집에서도 안전 [ㅅ][ㅊ]을/를 잘 지켜야 해요.

6주차 1일
26

우리 집 구급상자

하루 1학년 2학기 | • 구급상자야, 고마워
- 총 어절 수 60개
- 권장 읽기 시간 40초

아래 글을 소리 내어 읽고, 걸린 시간을 아래 빈칸에 써 보세요.

구급상자에는 다치거나 아플 때 필요한 물건이 들어 있어요.
소독약은 상처를 소독할 때 쓰고, 연고는 상처에 발라요.
연고를 바를 땐 면봉으로 바르고,
밴드로 상처를 보호해요.
큰 상처에는 거즈, 붕대, 반창고가 필요해요.
열이 나면 체온계로 열을 재요.
부러진 이는 식염수에 담아 보관해요.
다치거나 아플 때, 특히 이가 부러지거나 빠졌을 땐
빨리 어른들의 도움을 받는 것이 좋아요.
우리 집 구급상자에는 어떤 물건이 있나요?

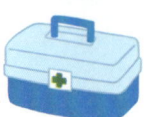

걸린 시간 　 분 　 초

낱말을 익혀요
본문에 수록된 주요 낱말들의 뜻을 익혀요.

1 소독
- 뜻: 병에 걸리는 것을 막기 위해 약품이나 열 등으로 균을 죽임
- 예문: 소독을 하면 상처에 있는 나쁜 균이 없어져요.

2 체온계
- 뜻: 몸의 온도를 재는 데 쓰는 온도계
- 예문: 보건 선생님이 체온계로 열을 쟀어요.

3 식염수
- 뜻: 몸속에 있는 액체와 같은 농도로 만든 물
- 예문: 눈에 먼지가 들어가면 손으로 비비지 말고 식염수로 씻어요.

단계별로 연습하기

1단계 - 올바른 발음을 익혀요.

발음이 어렵거나 헷갈리는 낱말들을 정확하게 읽어요.

① 구급상자 [구급쌍자]　② 들어 [드러]
③ 소독약 [소동냑]　④ 필요해요 [피료해요]
⑤ 식염수 [시겸수]　⑥ 좋아요 [조아요]

2단계 - 듣고 따라 읽어요.

QR코드에서 들려주는 선생님의 음성을 들으며 읽는 연습을 해요.

1 정확하게 따라 읽어요.
2 속도에 맞춰 따라 읽어요.
3 자연스럽게 따라 읽어요.

3단계 - 다시 읽어봐요.

다시 소리 내어 읽고, 걸린 시간을 아래 빈칸에 써 보세요.

걸린 시간　분　초

정답 ▶ 159쪽

내용을 확인해요

본문에서 읽었던 내용을 떠올리며 아래 문제를 풀어봐요.

1 다음을 읽고, 맞으면 ○, 틀리면 × 하세요.

① 상처가 났을 때 연고를 바른다. (　)
② 열이 날 때는 반창고로 열을 잰다. (　)
③ 부러진 이는 수돗물에 담아 보관한다. (　)
④ 이가 부러졌을 땐 빨리 어른들의 도움을 받는다. (　)

2 상처를 깨끗이 하기 위해 사용하는 것은 무엇인가요?

① 밴드　② 반창고　③ 소독약

26 우리 집 구급상자

6주차 2일
27

지진이 났을 때는?

하루 1학년 2학기 | • 세상이 흔들흔들

- 총 어절 수 58개
- 권장 읽기 시간 40초

아래 글을 소리 내어 읽고, 걸린 시간을 아래 빈칸에 써 보세요.

* 교실에 있을 때 지진이 나면?

1. 책상 밑에 들어가 책상 다리를 잡아요.
2. 흔들림이 멈추면 차례대로 나가요.
3. 책가방 등으로 머리를 보호하며 안전하게 이동해요.

* 다른 장소에 있을 때 지진이 나면?

1. 포털사이트에서 지진 옥외 대피 장소를 검색해요.
2. 주변에 지진 대피소가 없으면 이런 장소로 대피해요.
   ① 건물이나 담장에서 멀리 떨어진 곳
   ② 위에서 떨어지는 물건이 없는 넓은 곳

걸린 시간 　 분 　 초

 **낱말을 익혀요**　본문에 수록된 주요 낱말들의 뜻을 익혀요.

1 포털사이트
- 뜻: 입구가 되는 사이트라는 뜻. 네○버, 다○, 구○과 같은 사이트
- 예문: 미리 포털사이트에서 날씨 정보를 확인했어요.

2 옥외
- 뜻: 건물의 바깥
- 예문: 지진이 났을 땐 운동장이나 공원 같은 넓은 옥외가 안전해요.

3 검색
- 뜻: 책이나 인터넷 등에서 필요한 자료를 찾아내는 것
- 예문: 여행을 떠나기 전에 포털사이트에서 맛집을 검색하세요.

단계별로 연습하기

1단계 올바른 발음을 익혀요.

발음이 어렵거나 헷갈리는 낱말들을 정확하게 읽어요.

① 밑에 [미테]　　② 잡아요 [자바요]
③ 옥외 [오괴/오꿰]　　④ 검색해요 [검새캐요]
⑤ 없는 [엄는]　　⑥ 넓은 [널븐]

2단계 듣고 따라 읽어요.

QR코드에서 들려주는 선생님의 음성을 들으며 읽는 연습을 해요.

1 정확하게 따라 읽어요.　　2 속도에 맞춰 따라 읽어요.　　3 자연스럽게 따라 읽어요.

3단계 다시 읽어봐요.

다시 소리 내어 읽고, 걸린 시간을 아래 빈칸에 써 보세요.

걸린 시간　　분　　초

정답 ▶ 159쪽

내용을 확인해요

본문에서 읽었던 내용을 떠올리며 아래 문제를 풀어봐요.

1 교실에서 지진 대피할 때 가장 먼저 할 일은 무엇인가요?

① 흔들림이 멈추면 차례대로 나가요.
② 선생님의 안내에 따라 책상 밑에 들어가요.
③ 운동장처럼 건물과 떨어진 넓은 장소로 대피해요.

2 주변에 지진 대피소가 없을 때 갈 장소로 알맞은 곳은 어디인가요?

① 건물이 모여 있는 곳
② 쓰러질 물건들이 있는 곳
③ 위에서 떨어지는 물건이 없는 넓은 곳

6주차 3일

28

신호등이 없다면?

하루 1학년 2학기 | • 신호등이 없을 때는
- 총 어절 수 58개
- 권장 읽기 시간 40초

아래 글을 소리 내어 읽고, 걸린 시간을 아래 빈칸에 써 보세요.

* 신호등이 없는 횡단보도를 건널 때는?

1. 횡단보도에서 멈추고, 좌우를 잘 살펴요.
2. 운전자를 보며 손을 들어요.
3. 운전자와 눈을 맞추며 차가 멈추었나 확인해요.
4. 손을 들고 차를 보면서 건너요.

* 차도와 보도의 구분이 없는 좁은 길에서는?

1. 차가 오는 방향을 마주보며 걸어요.
2. 골목 모퉁이에서는 꼭 멈춰서 주위를 살펴요.
3. 차가 오면 벽 쪽에 붙어 기다렸다가 차가 지나가면 걸어요.

걸린 시간 분 초

 **낱말을 익혀요**   본문에 수록된 주요 낱말들의 뜻을 익혀요.

1 좌우
- 뜻: 왼쪽과 오른쪽 또는 옆이나 주변
- 예문: 횡단보도를 건너기 전에는 좌우를 꼭 살펴야 해요.

2 차도
- 뜻: 자동차가 다니는 길
- 예문: 차도에 차들이 엄청 많이 지나다니고 있었어요.

3 보도
- 뜻: 사람이 걸어 다닐 수 있게 만든 길
- 예문: 보도를 벗어나 차도로 나가면 위험해요.

단계별로 연습하기

1단계 올바른 발음을 익혀요.

발음이 어렵거나 헷갈리는 낱말들을 정확하게 읽어요.

① 맞추며 [맏추며] ② 멈추었나 [멈추언나]
③ 확인해요 [화긴해요] ④ 좁은 [조븐]
⑤ 붙어 [부터] ⑥ 걸어요 [거러요]

2단계 듣고 따라 읽어요.

QR코드에서 들려주는 선생님의 음성을 들으며 읽는 연습을 해요.

1 정확하게 따라 읽어요.
2 속도에 맞춰 따라 읽어요.
3 자연스럽게 따라 읽어요.

3단계 다시 읽어봐요.

다시 소리 내어 읽고, 걸린 시간을 아래 빈칸에 써 보세요.

걸린 시간 ◯ 분 ◯ 초

정답 ▶ 159쪽

내용을 확인해요

본문에서 읽었던 내용을 떠올리며 아래 문제를 풀어봐요.

1 신호등이 없는 횡단보도를 건너는 방법을 순서대로 기호를 쓰세요.

가. 운전자를 보며 손을 든다.
나. 차가 오는지 좌우를 살핀다.
다. 차가 멈춘 것을 확인하고 차를 보면서 건넌다.

( ) → ( ) → ( )

2 빈칸의 초성에 맞춰 알맞은 낱말을 쓰세요.

① ㅊㄷ 와/과 ㅂㄷ 의 구분이 없는 길에서는 차와 마주보며 걸어요.

② 골목 ㅁㅌㅇ 에서는 멈춰서 주위를 살펴요.

28 신호등이 없다면?

29. 일과가 무슨 뜻일까요?

6주차 4일 | 하루 1학년 2학기 · 실천하는 하루
- 총 어절 수 60개
- 권장 읽기 시간 40초

아래 글을 소리 내어 읽고, 걸린 시간을 아래 빈칸에 써 보세요.

'매일 해야 하는 일'을 두 글자로 하면 '일과'예요.
일과는 매일 정해 놓고 하는 규칙적인 일을 말해요.
세수하기, 밥 먹기, 학교 가기 같은 일이 일과예요.
일과를 잘 지키면 몸과 마음이 모두 건강해져요.
일과를 정하고 지키면 규칙적인 생활을
할 수 있고, 시간을 소중하게
사용할 수 있거든요.
하지만 일과 없이 생활하면 하루가 엉망이 되고,
건강도 나빠질 수 있어요.
여러분의 일과에는 어떤 일이 있나요?

걸린 시간   분   초

낱말을 익혀요

본문에 수록된 주요 낱말들의 뜻을 익혀요.

1. 일과
- 뜻: 정해 놓고 날마다 하는 일
- 예문: 지혜는 매일 20분씩 책 읽는 시간을 하루 일과에 넣었어요.

2. 규칙적
- 뜻: 어떤 일이 일정한 순서나 방식으로 반복되는 것
- 예문: 규칙적으로 밥을 먹고 운동하면 몸이 건강해져요.

3. 소중하다
- 뜻: 매우 귀하고 중요하다
- 예문: 가족과 함께 보내는 시간은 참 소중해요.

단계별로 연습하기

1단계 올바른 발음을 익혀요.

발음이 어렵거나 헷갈리는 낱말들을 정확하게 읽어요.

① 규칙적인 [규칙쩌긴] ② 밥 먹기 [밤 머끼]
③ 일이 [이리] ④ 마음이 [마으미]
⑤ 없이 [업씨] ⑥ 있나요 [인나요]

2단계 듣고 따라 읽어요.

QR코드에서 들려주는 선생님의 음성을 들으며 읽는 연습을 해요.

1 정확하게 따라 읽어요. 2 속도에 맞춰 따라 읽어요. 3 자연스럽게 따라 읽어요.

3단계 다시 읽어봐요.

다시 소리 내어 읽고, 걸린 시간을 아래 빈칸에 써 보세요.

걸린 시간 ___ 분 ___ 초

정답 ▶ 160쪽

내용을 확인해요

본문에서 읽었던 내용을 떠올리며 아래 문제를 풀어봐요.

1 '일과'의 뜻을 바르게 설명한 것은 무엇인가요?

① 가끔 하는 특별한 일
② 정해 놓고 규칙적으로 하는 일
③ 다른 사람과 함께하는 어려운 일

2 나의 중요한 일과 중 두 가지를 골라 쓰세요.

29 일과가 무슨 뜻일까요?

6주차 5일 30 신나는 리듬을 만들어요

하루 1학년 2학기 | • 하루의 리듬
• 총 어절 수 60개
• 권장 읽기 시간 40초

아래 글을 소리 내어 읽고, 걸린 시간을 아래 빈칸에 써 보세요.

즐거운 음악을 들으면 흥겨워서 몸이 저절로 움직여요.
이것이 바로 리듬이에요.
리듬은 소리가 규칙적으로 반복될 때 느껴져요.
리듬을 연주할 때 사용하는 악기를 리듬악기라고 해요.
리듬악기에는 탬버린, 트라이앵글, 캐스터네츠, 마라카스 등이 있어요.
탬버린은 손으로 가운데나 테를 쳐서 소리를 내요.
트라이앵글은 채로 쳐서 소리를 내요.
캐스터네츠는 왼손 손바닥 위에 놓고 오른손으로 쳐요.
마라카스는 양손에 하나씩 잡고 흔들며 연주해요.
리듬악기로 신나게 리듬을 만들어 보세요!

걸린 시간   분   초

낱말을 익혀요 본문에 수록된 주요 낱말들의 뜻을 익혀요.

1 흥겹다
- 뜻: 흥이 나서 기분이 좋고 즐겁다
- 예문: 축제에서 흥겨운 음악이 흘러나오자 사람들이 모두 신나게 춤췄어요.

2 리듬
- 뜻: 소리의 높낮이, 길이, 세기 등이 일정하게 반복되는 것
- 예문: 빠른 리듬의 노래를 들으면 몸이 저절로 움직여요.

3 반복
- 뜻: 같은 일을 여러 번 계속함
- 예문: 반복해서 연습한 덕분에 리듬악기 연주를 잘 하게 됐어요.

단계별로 연습하기

1단계 올바른 발음을 익혀요.

발음이 어렵거나 헷갈리는 낱말들을 정확하게 읽어요.

① 음악을 [으마글]　　② 규칙적으로 [규칙쩌그로]
③ 반복될 [반복뙬/반복뛜]　　④ 악기 [악끼]
⑤ 손바닥 [손빠닥]　　⑥ 놓고 [노코]

2단계 듣고 따라 읽어요.

QR코드에서 들려주는 선생님의 음성을 들으며 읽는 연습을 해요.

1 정확하게 따라 읽어요.　　2 속도에 맞춰 따라 읽어요.　　3 자연스럽게 따라 읽어요.

3단계 다시 읽어봐요.

다시 소리 내어 읽고, 걸린 시간을 아래 빈칸에 써 보세요.

걸린 시간　◯ 분　◯ 초

정답 ▶ 160쪽

내용을 확인해요

본문에서 읽었던 내용을 떠올리며 아래 문제를 풀어봐요.

1 '리듬'의 뜻을 바르게 설명한 것은 무엇인가요?

① 똑같은 음으로 연주하는 것
② 다양한 악기 소리가 나는 것
③ 소리가 규칙적으로 반복되는 것

2 다음을 읽고, 맞으면 O, 틀리면 X 하세요.

① 탬버린은 가운데나 테를 쳐서 연주한다.　　(　　)
② 트라이앵글은 맨손으로 쳐서 소리를 낸다.　　(　　)
③ 캐스터네츠는 채로 쳐서 소리를 내는 악기이다.　　(　　)

30 신나는 리듬을 만들어요　81

 ## 3장 〈통합-하루〉 마무리 활동

 정답 ▶ 160쪽

1 3장에서 배운 내용을 생각하며, 아래의 낱말을 정확하게 읽어봐요.

1	위생	2	숙면
3	습도	4	진찰
5	출동	6	존중
7	음악가	8	자장가
9	악보	10	목도소리
11	메기는소리	12	받는소리
13	부엌에는	14	난간
15	안전 수칙	16	구급상자
17	소독	18	식염수
19	지진	20	옥외
21	검색	22	좌우
23	차도	24	보도
25	일과	26	규칙적으로
27	흥겹다	28	리듬
29	반복	30	악기

2 다음을 읽고, 맞으면 ◯, 틀리면 ✕ 하세요.

22과 ① 밤새워 일하고 낮에 쉬어야 하는 직업도 있다. (   )

23과 ② '모차르트 자장가'는 모차르트가 작곡했다. (   )

24과 ③ '목도소리'는 무거운 돌이나 나무를 옮길 때 부르는 노래이다. (   )

25과 ④ 집은 안전해서 따로 안전 수칙을 지킬 필요가 없다. (   )

27과 ⑤ 지진이 났을 땐 건물들이 모여 있는 곳으로 대피한다. (   )

3 <보기>에서 알맞은 낱말을 골라 빈칸에 쓰세요.

보기

보도   숙면   일과   차도   체온계   리듬악기

21과 ① 너무 늦게까지 운동하면 오히려 [   ]을/를 방해한다.

26과 ② 열이 나면 [   ](으)로 열을 잰다.

28과 ③ 사람이 걸어다닐 수 있게 만든 길을 [   ](이)라고 한다.

29과 ④ 매일 해야 하는 일을 두 글자로 하면 [   ](이)다.

30과 ⑤ 탬버린, 캐스터네츠, 트라이앵글은 [   ](이)다.

4장

통합|약속

31	어린이의 권리를 알아봐요
32	에너지를 아껴요
33	거대한 '쓰레기 섬'이 있어요
34	작지만 위험해요
35	날마다 나무를 심는 방법은?
36	지구를 지키는 밥상
37	국제기구가 생긴 까닭은?
38	가정 폭력은 안 돼요!
39	잠이 안 와서 뒤척뒤척
40	할아버지의 편지

1주차 1일
31

약속 1학년 2학기 | • 놀이로 만나는 약속

• 총 어절 수 59개
• 권장 읽기 시간 40초

어린이의 권리를 알아봐요

아래 글을 소리 내어 읽고, 걸린 시간을 아래 빈칸에 써 보세요.

유엔(UN)은 '국제 연합'이라고도 해요.
세계 여러 나라가 평화를 지키고 서로 돕기 위해 만든 단체예요.
유엔에서는 어린이들이 행복하게 자라도록 '아동 권리 협약'을 만들었어요.
아동 권리 협약에는 어린이라면 누구나 생존권, 보호권, 참여권, 발달권을 누려야 한다는 내용이 들어 있어요.
생존권은 건강하게 먹고 보살핌을 받을 권리예요.
보호권은 위험에서 안전하게 보호받을 권리예요.
참여권은 내 생각을 말하고 존중받을 권리예요.
발달권은 배우고 놀며 꿈을 키울 권리예요.

걸린 시간 분 초

 **낱말을 익혀요** 본문에 수록된 주요 낱말들의 뜻을 익혀요.

1 **권리**
- 뜻: 마음대로 할 수 있거나 다른 사람에게 당연히 요구할 수 있는 힘
- 예문: 모든 어린이는 행복하게 자랄 **권리**가 있어요.

2 **협약**
- 뜻: 어떤 뜻을 이루기 위해 여러 사람이 함께 의논해서 정한 약속
- 예문: **협약**은 사람들이 함께 정한 중요한 약속이에요.

3 **누리다**
- 뜻: 좋거나 행복한 상태나 상황을 마음껏 계속하여 즐기다
- 예문: 아이들이 방학을 신나게 **누렸어요**.

단계별로 연습하기

1단계 올바른 발음을 익혀요.

발음이 어렵거나 헷갈리는 낱말들을 정확하게 읽어요.

① 국제 [국쩨] ② 행복하게 [행보카게]
③ 권리 [궐리] ④ 협약 [혀뱍]
⑤ 생존권 [생존꿘] ⑥ 발달권 [발딸꿘]

2단계 듣고 따라 읽어요.

QR코드에서 들려주는 선생님의 음성을 들으며 읽는 연습을 해요.

1 정확하게 따라 읽어요.
2 속도에 맞춰 따라 읽어요.
3 자연스럽게 따라 읽어요.

3단계 다시 읽어봐요.

다시 소리 내어 읽고, 걸린 시간을 아래 빈칸에 써 보세요.

걸린 시간 ◯ 분 ◯ 초

정답 ▶ 160쪽

내용을 확인해요

본문에서 읽었던 내용을 떠올리며 아래 문제를 풀어봐요.

1 유엔에서 '아동 권리 협약'을 만든 까닭은 무엇인가요?

① 어린이에게 일자리를 주기 위해
② 어린이에게 공부를 많이 시키기 위해
③ 어린이가 행복하고 안전하게 자라도록 하기 위해

2 아동 권리와 설명을 바르게 연결하세요.

① 생존권 •　　　　• ㉠ 배우고 놀며 꿈을 키울 권리
② 보호권 •　　　　• ㉡ 내 생각을 말하고 존중받을 권리
③ 참여권 •　　　　• ㉢ 위험에서 안전하게 보호받을 권리
④ 발달권 •　　　　• ㉣ 건강하게 먹고 보살핌을 받을 권리

31 어린이의 권리를 알아봐요

32. 에너지를 아껴요

1주차 2일 | 약속 1학년 2학기 | 지구가 뜨끈뜨끈
- 총 어절 수 59개
- 권장 읽기 시간 40초

아래 글을 소리 내어 읽고, 걸린 시간을 아래 빈칸에 써 보세요.

에너지는 일을 할 수 있는 힘이에요.
전등에 불이 들어오고, 에어컨에서 찬 바람이 나오는 것은 에너지 덕분이에요.
에너지를 만들 때 석유나 석탄 같은 연료를 많이 사용해요.
이 과정에서 나온 오염 물질과 이산화 탄소가 환경을 오염시킨답니다.
그래서 우리는 에너지를 아껴 써야 해요.
불필요한 전등은 끄고, 안 쓰는 플러그는 뽑아요.
적당한 온도로 냉방과 난방을 하면 에너지도 아끼고 깨끗한 지구를 만들 수 있어요.

걸린 시간   분   초

 **낱말을 익혀요**   본문에 수록된 주요 낱말들의 뜻을 익혀요.

1 연료
- 뜻: 불을 붙이면 빛이나 열이 나고, 기계를 움직이게 할 수 있는 물질
- 예문: 연료를 태우면 이산화 탄소가 나와요.

2 냉방
- 뜻: 기계를 사용해서 실내의 온도를 낮추는 일
- 예문: 냉방 온도를 너무 낮추면 건강에도 나쁘고 에너지가 낭비돼요.

3 난방
- 뜻: 건물 안이나 방 안의 온도를 높여 따뜻하게 하는 일
- 예문: 내복을 입으면 난방 비용을 아낄 수 있어요.

단계별로 연습하기

1단계 올바른 발음을 익혀요.

발음이 어렵거나 헷갈리는 낱말들을 정확하게 읽어요.

① 덕분 [덕뿐]　　② 연료 [열료]
③ 물질 [물찔]　　④ 불필요한 [불피료한]
⑤ 적당한 [적땅한]　⑥ 깨끗한 [깨끄탄]

2단계 듣고 따라 읽어요.

QR코드에서 들려주는 선생님의 음성을 들으며 읽는 연습을 해요.

1. 정확하게 따라 읽어요.
2. 속도에 맞춰 따라 읽어요.
3. 자연스럽게 따라 읽어요.

3단계 다시 읽어봐요.

다시 소리 내어 읽고, 걸린 시간을 아래 빈칸에 써 보세요.

걸린 시간　○ 분　○ 초

정답 ▶ 160쪽

내용을 확인해요

본문에서 읽었던 내용을 떠올리며 아래 문제를 풀어봐요.

1 에너지를 아껴 쓰면 좋은 점은 무엇인가요?

① 지구가 깨끗해져요.
② 돈이 더 많이 들어요.
③ 전기가 더 많이 필요해요.

2 빈칸의 초성에 맞춰 알맞은 낱말을 쓰세요.

① 에너지를 만들 때 석유나 석탄 같은 ㅇㄹ 을/를 사용해요.

② 실내를 시원하게 하는 것을 ㄴㅂ (이)라고 하고, 실내를 따뜻하게 하는 것을 ㄴㅂ (이)라고 해요.

33. 거대한 '쓰레기 섬'이 있어요

1주차 3일 | 약속 1학년 2학기 • 바다를 부탁해
* 총 어절 수 60개
* 권장 읽기 시간 40초

아래 글을 소리 내어 읽고, 걸린 시간을 아래 빈칸에 써 보세요.

〈자연분해될 때까지의 기간〉

4,000년 이상   5년   500년 이상   500년 이상   20년 이상

바다에는 플라스틱 쓰레기가 모여 만들어진 거대한 '쓰레기 섬'이 있어요.
1997년에 찰스 무어라는 항해사가 처음 발견한 이 섬은
한반도보다 7배나 크고, 매년 더 커지고 있어요.
사람들이 바다에 버린 플라스틱이 해류를 따라 모여서 쓰레기 섬이 된 거예요.
플라스틱이나 일회용품 쓰레기들은 100년도 넘게 분해되지 않아요.
바다에 버려진 쓰레기 때문에 바다가 더러워지고, 바다 생물들이 살기 어려워졌어요.
우리는 평소에 일회용품 사용을 줄이고, 쓰레기는 분리배출해야 해요.

걸린 시간　분　초

낱말을 익혀요

본문에 수록된 주요 낱말들의 뜻을 익혀요.

1 항해사
- 뜻) 선장을 도와서 배를 운항하는 데 필요한 일을 하는 선원
- 예문) 항해사는 배가 안전하게 항해할 수 있도록 선장을 도와요.

2 한반도
- 뜻) 아시아 대륙의 동북쪽 끝에 있으며, 남한과 북한을 모두 포함한 국토
- 예문) 우리나라가 있는 땅을 한반도라고 해요.

3 분해되다
- 뜻) 완전히 흩어져서 사라지다
- 예문) 나뭇잎은 땅에서 천천히 분해돼요.

단계별로 연습하기

1단계 — 올바른 발음을 익혀요.

발음이 어렵거나 헷갈리는 낱말들을 정확하게 읽어요.

① 만들어진 [만드러진]　　② 있어요 [이써요]
③ 일회용품 [일회용품/일훼용품]　　④ 어려워졌어요 [어려워저써요]
⑤ 줄이고 [주리고]　　⑥ 분리배출 [불리배출]

2단계 — 듣고 따라 읽어요.

QR코드에서 들려주는 선생님의 음성을 들으며 읽는 연습을 해요.

1 정확하게 따라 읽어요.

2 속도에 맞춰 따라 읽어요.

3 자연스럽게 따라 읽어요.

3단계 — 다시 읽어봐요.

다시 소리 내어 읽고, 걸린 시간을 아래 빈칸에 써 보세요.

걸린 시간 분 초

정답 ▶ 160쪽

내용을 확인해요

본문에서 읽었던 내용을 떠올리며 아래 문제를 풀어봐요.

1 다음 중 옳은 설명은 무엇인가요?

① 쓰레기 섬은 점점 작아지고 있어요.
② 플라스틱은 금방 분해가 되는 물질이에요.
③ 쓰레기 섬은 플라스틱 쓰레기가 모여 만들어졌어요.

2 관계있는 낱말끼리 연결하세요.

① 배　　　•　　　• ㉠ 분리배출

② 우리나라　•　　　• ㉡ 항해사

③ 재활용　•　　　• ㉢ 한반도

34 작지만 위험해요

1주차 4일

약속 1학년 2학기 | • 이것도 플라스틱이야
• 총 어절 수 60개
• 권장 읽기 시간 40초

아래 글을 소리 내어 읽고, 걸린 시간을 아래 빈칸에 써 보세요.

크기가 5mm보다 작은 플라스틱을 미세 플라스틱이라고 해요.
사람들은 제품의 효과를 좋게 하려고
치약이나 화장품에 미세 플라스틱을 넣기도 해요.
버려진 플라스틱이 햇볕과 바람에 부서져
저절로 생기는 미세 플라스틱도 있어요.
바닷속 미세 플라스틱을 물고기가 먹으면 결국 사람이 먹게 돼요.
잘 분해되지 않는 미세 플라스틱은 몸에 계속 쌓여서
건강에 나쁜 영향을 줄 수 있어요.
우리 모두 플라스틱 사용을 줄여서 깨끗한 환경을 만들어 봐요.

걸린 시간   분   초

낱말을 익혀요

본문에 수록된 주요 낱말들의 뜻을 익혀요.

1. 밀리미터 (mm)
- 뜻: 1cm를 10칸으로 똑같이 나누었을 때 작은 눈금 한 칸의 길이
- 예문: 손톱은 한 달에 3mm 정도 자란대요.

2. 미세
- 뜻: 잘 보이지 않을 정도로 아주 작음
- 예문: 미세 먼지 때문에 마스크를 썼어요.

3. 효과
- 뜻: 어떠한 것을 하여 얻어지는 좋은 결과
- 예문: 배가 아파서 약을 먹었더니 효과가 있었어요.

 단계별로 연습하기

1단계 올바른 발음을 익혀요.

발음이 어렵거나 헷갈리는 낱말들을 정확하게 읽어요.

① 작은 [자근] ② 효과 [효과/효꽈]
③ 좋게 [조케] ④ 넣기도 [너키도]
⑤ 바닷속 [바다쏙/바닫쏙] ⑥ 쌓여서 [싸여서]

2단계 듣고 따라 읽어요.

QR코드에서 들려주는 선생님의 음성을 들으며 읽는 연습을 해요.

1 정확하게 따라 읽어요.
2 속도에 맞춰 따라 읽어요.
3 자연스럽게 따라 읽어요.

3단계 다시 읽어봐요.

다시 소리 내어 읽고, 걸린 시간을 아래 빈칸에 써 보세요.

걸린 시간 분 초

정답 ▶ 160쪽

 내용을 확인해요

본문에서 읽었던 내용을 떠올리며 아래 문제를 풀어봐요.

1 미세 플라스틱에 관한 설명으로 옳지 않은 것은 무엇인가요?

① 5mm보다 작으면 미세 플라스틱이라고 해요.
② 버려진 플라스틱이 부서져서 미세 플라스틱이 돼요.
③ 사람들이 일부러 미세 플라스틱을 만들지는 않아요.

2 다음을 읽고, 맞으면 ○, 틀리면 × 하세요.

① 치약이나 화장품에 미세 플라스틱이 들어 있을 수 있다. (   )
② 미세 플라스틱은 몸속에서 완전히 분해된다. (   )
③ 몸에 쌓인 미세 플라스틱은 건강에 나쁠 수 있다. (   )

35 날마다 나무를 심는 방법은?

1주차 5일

약속 1학년 2학기 | 나무를 위한 약속

• 총 어절 수 58개
• 권장 읽기 시간 40초

아래 글을 소리 내어 읽고, 걸린 시간을 아래 빈칸에 써 보세요.

종이는 친환경 재료이지만 만들 때 많은 나무와 물, 에너지가 필요해요.
그래서 종이를 아끼면 나무뿐 아니라 환경도 보호할 수 있어요.
이면지의 비어 있는 면까지 사용하면 종이를 아낄 수 있어요.
또 손수건을 사용하면 휴지를 덜 쓰게 돼서 나무를 지킬 수 있어요.
우유갑은 깨끗이 씻어서 '종이팩'으로 분리배출해야 재활용할 수 있어요.
이렇게 작은 습관을 실천하면 매일 나무를 심는 것과 같은 효과가 있답니다.

걸린 시간 ○ 분 ○ 초

낱말을 익혀요

본문에 수록된 주요 낱말들의 뜻을 익혀요.

1 친환경
- 뜻: 자연을 해치지 않고 자연과 잘 어울리는 것
- 예문: 친환경 마크가 있는 물건을 샀어요.

2 이면지
- 뜻: 한쪽 면만 쓰고 다른 면은 비어 있는 종이
- 예문: 그림 연습을 할 때 이면지를 사용하면 좋아요.

3 재활용
- 뜻: 버리는 물건을 다른 데에 다시 사용함
- 예문: 우유갑을 재활용해서 화장지를 만든대요.

단계별로 연습하기

1단계 — 올바른 발음을 익혀요.

발음이 어렵거나 헷갈리는 낱말들을 정확하게 읽어요.

① 손수건 [손쑤건]　　② 우유갑 [우유깝]
③ 깨끗이 [깨끄시]　　④ 씻어서 [씨서서]
⑤ 재활용 [재화룡]　　⑥ 효과가 [효과가/효꽈가]

2단계 — 듣고 따라 읽어요.

QR코드에서 들려주는 선생님의 음성을 들으며 읽는 연습을 해요.

1 정확하게 따라 읽어요.　　2 속도에 맞춰 따라 읽어요.　　3 자연스럽게 따라 읽어요.

3단계 — 다시 읽어봐요.

다시 소리 내어 읽고, 걸린 시간을 아래 빈칸에 써 보세요.

걸린 시간　◯ 분　◯ 초

정답 ▶ 160쪽

내용을 확인해요

본문에서 읽었던 내용을 떠올리며 아래 문제를 풀어봐요.

1 다음 중 옳은 설명은 무엇인가요?

① 종이를 만들 때 나무가 사용되지는 않아요.
② 종이는 친환경 재료라서 마구 사용해도 돼요.
③ 종이를 아끼면 물과 에너지도 절약할 수 있어요.

2 빈칸의 초성에 맞춰 알맞은 낱말을 쓰세요.

① 한쪽 면만 쓰고 다른 면은 비어 있는 종이를 | ㅇ | ㅁ | ㅈ |(이)라고 해요.

② 우유갑은 깨끗이 씻어서 | ㅈ | ㅇ | ㅍ |(으)로 분리배출해요.

8주차 1일 36

약속 1학년 2학기 | 음식들의 이야기

• 총 어절 수 60개
• 권장 읽기 시간 40초

지구를 지키는 밥상

아래 글을 소리 내어 읽고, 걸린 시간을 아래 빈칸에 써 보세요.

음식을 먹을 때도 온실가스를 줄이는 방법이 있어요.
온실가스는 공기를 덥게 만드는 나쁜 기체예요.
온실가스가 많아지면 지구 온도가 올라가서 지구를 아프게 해요.
온실가스는 기름이나 석탄과 같은 화석 연료를 태울 때 나와요.
음식을 차로 옮길 때도 기름을 태워서 온실가스가 생겨요.
그래서 가까운 곳에서 난 제철 과일과 채소를 먹으면
운반할 거리가 짧아져서 온실가스를 줄일 수 있어요.
지구를 지키는 밥상,
우리 함께 실천해 볼까요?

걸린 시간   분   초

 **낱말을 익혀요**   본문에 수록된 주요 낱말들의 뜻을 익혀요.

1 온실가스
- 뜻: 지구 대기를 오염시켜 온실 효과를 일으키는 가스를 모두 이르는 말
- 예문: 자동차에서 나오는 매연도 온실가스예요.

2 화석 연료
- 뜻: 아주 옛날에 살던 생물이 땅속에서 오랫동안 굳어져 만들어진 연료
- 예문: 오늘날 우리가 주로 사용하는 화석 연료에는 석유, 석탄 등이 있다.

3 운반하다
- 뜻: 물건 등을 옮겨 나르다
- 예문: 트럭이 과일을 시장으로 운반해요.

단계별로 연습하기

1단계 올바른 발음을 익혀요.

발음이 어렵거나 헷갈리는 낱말들을 정확하게 읽어요.

① 먹을 [머글] ② 덥게 [덥께]
③ 같은 [가튼] ④ 짧아져서 [짤바저서]
⑤ 줄일 [주릴] ⑥ 밥상 [밥쌍]

2단계 듣고 따라 읽어요.

QR코드에서 들려주는 선생님의 음성을 들으며 읽는 연습을 해요.

1 정확하게 따라 읽어요.
2 속도에 맞춰 따라 읽어요.
3 자연스럽게 따라 읽어요.

3단계 다시 읽어봐요.

다시 소리 내어 읽고, 걸린 시간을 아래 빈칸에 써 보세요.

걸린 시간 분 초

정답 ▶ 161쪽

내용을 확인해요

본문에서 읽었던 내용을 떠올리며 아래 문제를 풀어봐요.

1 다음을 읽고, 맞으면 O, 틀리면 ✕ 하세요.

① 음식을 먹는 것과 환경 보호와는 관련이 없다. (   )
② 온실가스가 많아지면 지구 온도가 낮아진다. (   )
③ 가까운 곳에서 나는 채소를 먹으면 온실가스를 줄일 수 있다. (   )

2 빈칸의 초성에 맞춰 알맞은 낱말을 쓰세요.

① 공기를 덥게 만드는 나쁜 기체를 ㅇㅅㄱㅅ (이)라고 해요.
② 택배 기사님이 택배 상자를 ㅇㅂ 했어요.

국제기구가 생긴 까닭은?

8주차 2일 37

약속 1학년 2학기 | ● 평화를 위한 약속

● 총 어절 수 56개
● 권장 읽기 시간 40초

아래 글을 소리 내어 읽고, 걸린 시간을 아래 빈칸에 써 보세요.

유럽은 영국, 프랑스, 독일, 이탈리아 같은 나라가 있는 대륙이에요.
옛날 유럽에서는 왕보다 교황이 더 힘이 세서 나라 사이의 문제를 해결해 줬어요.
그런데 점점 교황보다 왕의 힘이 세지면서 서로 전쟁을 해도 말릴 사람이 없었어요.
전쟁이 계속되자 사람들은 평화롭게 지낼 방법을 찾기 시작했어요.
그래서 여러 나라가 모여 문제를 해결하는 국제기구가 생겨났어요.
국제기구는 나라들이 평화롭게 지내도록 돕는 역할을 한답니다.

걸린 시간   분   초

낱말을 익혀요

본문에 수록된 주요 낱말들의 뜻을 익혀요.

1 대륙
- 뜻: 바다로 둘러싸인 크고 넓은 땅
- 예문: 아시아는 세계에서 가장 큰 대륙이에요.

2 교황
- 뜻: 가톨릭교(천주교)의 최고 성직자로, 가톨릭교를 이끄는 사람
- 예문: 교황은 유럽에 있는 바티칸 시국에 살아요.

3 국제기구
- 뜻: 여러 나라가 함께 모여서 함께 해결해야 하는 일이나 서로 도와야 하는 일을 하기 위해 만든 조직
- 예문: 유엔(UN)은 세계에서 가장 큰 국제기구예요.

단계별로 연습하기

1단계 올바른 발음을 익혀요.

발음이 어렵거나 헷갈리는 낱말들을 정확하게 읽어요.

① 독일 [도길] ② 없었어요 [업써써요]
③ 찾기 [찯끼] ④ 국제기구 [국쩨기구]
⑤ 돕는 [돔는] ⑥ 역할 [여칼]

2단계 듣고 따라 읽어요.

QR코드에서 들려주는 선생님의 음성을 들으며 읽는 연습을 해요.

1 정확하게 따라 읽어요.
2 속도에 맞춰 따라 읽어요.
3 자연스럽게 따라 읽어요.

3단계 다시 읽어봐요.

다시 소리 내어 읽고, 걸린 시간을 아래 빈칸에 써 보세요.

걸린 시간 ⬤ 분 ⬤ 초

정답 ▶ 161쪽

내용을 확인해요

본문에서 읽었던 내용을 떠올리며 아래 문제를 풀어봐요.

1 국제기구가 생긴 이유는 무엇인가요?

① 교황의 힘을 더 키우기 위해
② 나라들이 평화롭게 지내기 위해
③ 나라들끼리 전쟁을 많이 하기 위해

2 빈칸의 초성에 맞춰 알맞은 낱말을 쓰세요.

① 유럽은 영국, 프랑스, 독일 같은 나라가 있는 ㄷ ㄹ 이에요.

② 여러 나라가 모여 문제를 해결하는 조직을 ㄱ ㅈ ㄱ ㄱ (이)라고 해요.

37 국제기구가 생긴 까닭은? 99

38 가정 폭력은 안 돼요!

약속 1학년 2학기 | 나의 몸과 마음을 지켜요

- 총 어절 수 61개
- 권장 읽기 시간 40초

8주차 3일

아래 글을 소리 내어 읽고, 걸린 시간을 아래 빈칸에 써 보세요.

가정 폭력은 가족끼리 때리거나, 심한 말을 하거나,
돈을 빼앗는 등의 나쁜 행동을 말해요.
내가 당했을 땐 가정 폭력이 일어난 장소에서 벗어나서
주위에 도움을 요청하고, 112에 신고해야 해요.
친구가 자주 멍이 들거나 평소에 우울해 하고,
계절에 맞지 않는 옷을 매일 입고 다닌다면
가정 폭력을 당하고 있을 수도 있어요.
친구가 가정 폭력을 당하고 있다는 의심이 들면
주변 어른에게 알려서 도움을 받도록 해야 해요.

걸린 시간   분   초

낱말을 익혀요

본문에 수록된 주요 낱말들의 뜻을 익혀요.

1 요청하다
- 뜻: 필요한 일을 해 달라고 부탁하다
- 예문: 그 아이는 길을 잃어버리자 어른에게 도움을 요청했어요.

2 신고하다
- 뜻: 어떤 일이 일어났다고 경찰서와 같은 기관에 알리다
- 예문: 112에 신고하면 경찰이 도와줘요.

3 의심
- 뜻: 어떤 일이 정말 맞는지 확실하지 않아서 믿지 못하는 마음
- 예문: 친구가 말한 이야기가 사실인지 의심이 들었어요.

단계별로 연습하기

1단계 — 올바른 발음을 익혀요.

발음이 어렵거나 헷갈리는 낱말들을 정확하게 읽어요.

① 폭력 [퐁녁] ② 빼앗는 [빼안는]
③ 당했을 [당해쓸] ④ 벗어나서 [버서나서]
⑤ 입고 [입꼬] ⑥ 받도록 [받또록]

2단계 — 듣고 따라 읽어요.

QR코드에서 들려주는 선생님의 음성을 들으며 읽는 연습을 해요.

1. 정확하게 따라 읽어요.
2. 속도에 맞춰 따라 읽어요.
3. 자연스럽게 따라 읽어요.

3단계 — 다시 읽어봐요.

다시 소리 내어 읽고, 걸린 시간을 아래 빈칸에 써 보세요.

걸린 시간 ◯ 분 ◯ 초

정답 ▶ 161쪽

내용을 확인해요

본문에서 읽었던 내용을 떠올리며 아래 문제를 풀어봐요.

1 다음을 읽고, 맞으면 ○, 틀리면 × 하세요.

① 가정 폭력은 가족의 일이므로 참고 지내야 한다. (　)
② 친구의 몸에 멍자국이 많이 보이면 일단 선생님께 알린다. (　)
③ 누군가 가정 폭력을 당했다면 즉시 112에 신고해야 한다. (　)

2 가정 폭력을 당했을 때의 행동으로 옳지 않은 것은 무엇인가요?

① 상황이 나아지길 기다리며 혼자 참는다.
② 가정 폭력이 일어난 장소에서 빠져나온다.
③ 주위에 도움을 요청하거나 112에 신고한다.

8주차 4일
39

잠이 안 와서 뒤척뒤척

약속 1학년 2학기 | • 나의 건강을 지켜요

• 총 어절 수 59개
• 권장 읽기 시간 40초

아래 글을 소리 내어 읽고, 걸린 시간을 아래 빈칸에 써 보세요.

이유 없이 잠이 안 오거나 심장이 두근거린 적이 있나요?
카페인을 너무 많이 먹어서 그럴 수 있어요.
카페인은 커피콩, 찻잎, 카카오 열매 등에 들어 있는 성분이에요.
특히 초콜릿, 커피, 콜라, 에너지 음료 같은 음식에 많아요.
카페인을 많이 먹으면 잠이 안 오고 심장이 빨리 뛰어요.
어린이는 카페인에 더 민감하니까 조심해야 해요.
'고카페인', '어린이 주의' 표시가 있는 제품은 먹지 않는 게 좋아요.

걸린 시간 분 초

 **낱말을 익혀요**   본문에 수록된 주요 낱말들의 뜻을 익혀요.

1 카페인
- 뜻: 커피나 찻잎 등에 들어 있는 성분으로, 너무 많이 먹으면 잠이 안 오고 심장이 빨리 뛰게 만듦
- 예문: 카페인은 몸을 깨어나게 하지만 너무 많이 먹으면 건강에 나빠요.

2 성분
- 뜻: 어떤 물건이나 음식에 들어 있는 각각의 재료
- 예문: 제품 포장지에 적힌 성분을 보고 건강에 좋은지 확인해요.

3 민감하다
- 뜻: 어떤 일이나 자극에 빠르고 날카롭게 반응하는 성질이 있다
- 예문: 나는 소리에 민감해서 시끄러운 곳을 싫어해요.

단계별로 연습하기

1단계 — 올바른 발음을 익혀요.

발음이 어렵거나 헷갈리는 낱말들을 정확하게 읽어요.

① 잠이 [자미]　　② 적이 [저기]
③ 먹어서 [머거서]　　④ 찻잎 [찬닙]
⑤ 음료 [음뇨]　　⑥ 먹지 [먹찌]

2단계 — 듣고 따라 읽어요.

QR코드에서 들려주는 선생님의 음성을 들으며 읽는 연습을 해요.

1. 정확하게 따라 읽어요.
2. 속도에 맞춰 따라 읽어요.
3. 자연스럽게 따라 읽어요.

3단계 — 다시 읽어봐요.

다시 소리 내어 읽고, 걸린 시간을 아래 빈칸에 써 보세요.

걸린 시간　분　초

정답 ▶ 161쪽

내용을 확인해요

본문에서 읽었던 내용을 떠올리며 아래 문제를 풀어봐요.

1 카페인이 많이 들어 있는 음식이 아닌 것을 <u>모두</u> 골라 ○ 하세요.

사과　　커피　　초콜릿　　콜라　　우유

2 낱말에 알맞은 설명을 찾아 연결하세요.

① 성분　　•　　• ㉠ 커피콩, 찻잎과 같은 곳에 들어 있는 성분

② 카페인　　•　　• ㉡ 어떤 물건이나 음식에 들어 있는 재료

③ 민감하다　　•　　• ㉢ 어떤 일에 빨리, 날카롭게 반응하는 성질이 있다

40. 할아버지의 편지

8주차 5일

약속 1학년 2학기 | • 킥보드를 탈 때는
• 총 어절 수 60개
• 권장 읽기 시간 40초

아래 글을 소리 내어 읽고, 걸린 시간을 아래 빈칸에 써 보세요.

현우에게,

네가 킥보드를 타고 싶다길래 할아버지가 킥보드를 보낸다.
킥보드를 탈 때는 함께 보내준 보호 장구를 꼭 착용해야 한다.
내리막길이나 차가 다니는 길에서는 킥보드에서 내려서 걸어가렴.
눈에 잘 띄는 옷을 입고, 비가 오거나 어두울 때는 타면 안 돼.
핸드 브레이크를 당기며 한쪽 발을 땅에 대면서
서서히 멈추는 연습도 충분히 하기를 바란다.
안전 수칙을 꼭 지켜서 타야 해!

2025년 6월 27일
할아버지가

걸린 시간   분   초

 **낱말을 익혀요** 본문에 수록된 주요 낱말들의 뜻을 익혀요.

1. 보호 장구
- 뜻: 위험한 놀이나 운동을 할 때 다치지 않도록 몸을 보호해 주는 물건
- 예문: 헬멧은 머리를 지켜주는 보호 장구예요.

2. 내리막길
- 뜻: 높은 곳에서 낮은 곳으로 기울어진 길
- 예문: 내리막길에서는 속도가 점점 빨라지니까 조심해야 해요.

3. 핸드 브레이크
- 뜻: 손으로 잡아서 멈추게 하는 장치
- 예문: 땅이 파인 곳이 있어서 핸드 브레이크로 킥보드를 멈추었어요.

 **단계별로 연습하기**

1단계 — 올바른 발음을 익혀요.

발음이 어렵거나 헷갈리는 낱말들을 정확하게 읽어요.

① 네가 [네가]   ② 싶다길래 [십따길래]
③ 착용해야 [차굥해야]   ④ 내리막길 [내리막낄]
⑤ 띄는 [띠는]   ⑥ 옷을 [오슬]

2단계 — 듣고 따라 읽어요.

QR코드에서 들려주는 선생님의 음성을 들으며 읽는 연습을 해요.

1 정확하게 따라 읽어요.
2 속도에 맞춰 따라 읽어요.
3 자연스럽게 따라 읽어요.

3단계 — 다시 읽어봐요.

다시 소리 내어 읽고, 걸린 시간을 아래 빈칸에 써 보세요.

걸린 시간 분 초

정답 ▶ 161쪽

 **내용을 확인해요**   본문에서 읽었던 내용을 떠올리며 아래 문제를 풀어봐요.

1 할아버지께서 현우에게 편지를 쓴 까닭은 무엇인가요?

① 킥보드를 사달라고 부탁하려고
② 킥보드 대회 소식을 알려주려고
③ 킥보드를 안전하게 타는 방법을 알려주려고

2 서로 관계있는 낱말을 찾아 연결하세요.

① 멈춤   •   • ㉠ 내리막길

② 헬멧, 장갑   •   • ㉡ 보호 장구

③ 기울어진 길   •   • ㉢ 핸드 브레이크

4장 〈통합-약속〉 마무리 활동

정답 ▶ 161쪽

1 4장에서 배운 내용을 생각하며, 아래의 낱말을 정확하게 읽어봐요.

1	권리	2	국제 연합
3	아동 권리 협약	4	연료
5	냉방	6	난방
7	항해사	8	한반도
9	분해되다	10	효과
11	바닷속	12	쌓이다
13	친환경	14	이면지
15	재활용	16	제철 과일
17	화석 연료	18	운반하다
19	국제기구	20	대륙
21	교황	22	가정 폭력
23	요청하다	24	의심
25	음료	26	성분
27	민감하다	28	보호 장구
29	내리막길	30	착용하다

2 다음을 읽고, 맞으면 O, 틀리면 X 하세요.

31과 ① '아동 권리 협약'에는 어린이가 누려야 하는 권리가 들어 있다. (   )

33과 ② 플라스틱은 몇 년만 지나면 분해된다.   (   )

34과 ③ 몸속에 쌓인 미세 플라스틱은 건강에 도움을 준다.   (   )

36과 ④ 온실가스가 많아지면 지구의 온도가 내려간다.   (   )

39과 ⑤ 카페인은 초콜릿, 커피, 에너지 음료에 많이 들어 있다.   (   )

3 <보기>에서 알맞은 낱말을 골라 빈칸에 쓰세요.

> **보기**
>
> 난방   냉방   의심   이면지   국제기구   보호 장구

32과 ① 건물 안이나 방 안의 온도를 높이는 것을 [   ](이)라고 한다.

35과 ② [   ]의 비어 있는 면까지 사용하면 나무를 아낄 수 있다.

37과 ③ 유엔(UN)은 세계에서 가장 큰 [   ](이)다.

38과 ④ 가정 폭력을 당하고 있다고 [   ]이/가 드는 친구가 있다.

40과 ⑤ [   ]은/는 몸을 다치지 않도록 보호해 주는 물건이다.

5장

통합 | 상상

41	'해태'를 알고 있나요?
42	숨바꼭질을 하다가
43	코피가 나요
44	야외에서는 이걸 조심해요
45	말은 주워 담을 수 없어요
46	나는 누구일까요?
47	친구를 오해한 날
48	초능력을 고를 수 있다면?
49	'호두까기 인형' 이야기
50	비밀 요원의 활약

9주차 1일 41

'해태'를 알고 있나요?

상상 1학년 2학기 | • 새로운 동물이 나타난다면

• 총 어절 수 59개
• 권장 읽기 시간 40초

아래 글을 소리 내어 읽고, 걸린 시간을 아래 빈칸에 써 보세요.

광화문 앞에서 '해태'를 본 적이 있나요?
해태는 '해치'라고 불리기도 해요.
사자와 비슷하지만 머리에 뿔이 있고, 용처럼 생긴 상상의 동물이지요.
조상들은 해태가 나쁜 일을 막아 준다고 믿어서
궁궐 앞에 해태를 세웠어요.
특히 해태는 불을 막는 힘이 있다고 생각했어요.
그래서 옛날 사람들은 해태 그림을 집에 붙여
불이 나지 않게 하려고 했어요.
해태는 정의로워서 옳고 그름을 잘 판단한다고도 해요.
해태는 참 든든하지요?

걸린 시간 분 초

 **낱말을 익혀요** 본문에 수록된 주요 낱말들의 뜻을 익혀요.

1 광화문
- 뜻: 경복궁의 정문
- 예문: 광화문 근처에는 멋진 궁궐과 박물관이 있어요.

2 상상
- 뜻: 실제로 없는 것이나 경험하지 않은 것을 머릿속으로 그려 봄
- 예문: 해태가 말을 할 수 있다면 어떤 말을 할지 상상해 보세요.

3 정의롭다
- 뜻: 옳고 그름을 잘 판단하고 바르게 행동하다
- 예문: 해태는 정의로워서 나쁜 사람을 혼내줄 것 같아요.

단계별로 연습하기

1단계 올바른 발음을 익혀요.

발음이 어렵거나 헷갈리는 낱말들을 정확하게 읽어요.

① 비슷하지만 [비스타지만]　② 막아 [마가]
③ 앞에 [아페]　④ 막는 [망는]
⑤ 붙여 [부처]　⑥ 옳고 [올코]

2단계 듣고 따라 읽어요.

QR코드에서 들려주는 선생님의 음성을 들으며 읽는 연습을 해요.

1 정확하게 따라 읽어요.　2 속도에 맞춰 따라 읽어요.　3 자연스럽게 따라 읽어요.

3단계 다시 읽어봐요.

다시 소리 내어 읽고, 걸린 시간을 아래 빈칸에 써 보세요.

걸린 시간　분　초

정답 ▶ 161쪽

내용을 확인해요

본문에서 읽었던 내용을 떠올리며 아래 문제를 풀어봐요.

1 다음을 읽고, 맞으면 ○, 틀리면 × 하세요.

① 해태와 해치는 다른 동물이다. (　)
② 해태는 상상 속 동물이 아니라 진짜 동물이다. (　)
③ 조상들은 해태에게 불을 막는 능력이 있다고 생각했다. (　)

2 빈칸의 초성에 맞춰 알맞은 낱말을 쓰세요.

① 해태가 나쁜 일을 막아 준다고 믿어서 ㄱㄱ 앞에 해태를 세웠어요.
② 해태는 정의로워서 ㅇㄱ 그름을 잘 판단한다고 믿었어요.

41 '해태'를 알고 있나요?

9주차 2일
42

숨바꼭질을 하다가

상상 1학년 2학기 | 숨바꼭질을 한다면

• 총 어절 수 55개
• 권장 읽기 시간 40초

아래 글을 소리 내어 읽고, 걸린 시간을 아래 빈칸에 써 보세요.

까까머리 동생과 종종머리 누나가 숨바꼭질을 했어요.
"텃밭에 있는 호박순을 밟아 놓은 녀석이 누구야?"
엄마가 호통을 치셨어요.
장독대에 숨어 있던 동생이 머리를 긁적이며 나왔어요.
"꽃모종도 다 밟았대요."
누나가 고자질했어요.
동생은 누나가 얄미워서 누나의 댕기를 확 잡아당겼어요.
결국 남매는 싸우다가 엄마께 혼이 났어요.
그날 저녁 엄마는 풀죽은 남매에게 방앗간에서 갓 나온 따끈한 떡을 주셨어요.
"서로 사이좋게 지내렴!"

걸린 시간   분   초

낱말을 익혀요

본문에 수록된 주요 낱말들의 뜻을 익혀요.

1 호박순
- 뜻: 호박 줄기에서 돋아나는 연한 줄기로, 보통 반찬거리로 활용함
- 예문: 할머니는 호박순을 따서 맛있는 반찬을 만들어 주셨어요.

2 꽃모종
- 뜻: 꽃밭에 옮겨 심기 위해 화분 등에 심어 키운 어린 꽃
- 예문: 엄마는 집 앞 화단에 꽃모종을 심어 꽃밭을 가꾸셨어요.

3 방앗간
- 뜻: 방아로 곡식이나 고추 등을 찧거나 빻는 가게
- 예문: 할머니는 떡을 만들려고 방앗간에 가셨어요.

단계별로 연습하기

1단계 올바른 발음을 익혀요.

발음이 어렵거나 헷갈리는 낱말들을 정확하게 읽어요.

① 텃밭 [터빧/턷빧]   ② 호박순 [호박쑨]
③ 밟아 [발바]   ④ 긁적이며 [극쩌기며]
⑤ 꽃모종 [꼰모종]   ⑥ 방앗간 [방아깐/방앋깐]

2단계 듣고 따라 읽어요.

QR코드에서 들려주는 선생님의 음성을 들으며 읽는 연습을 해요.

1 정확하게 따라 읽어요.
2 속도에 맞춰 따라 읽어요.
3 자연스럽게 따라 읽어요.

3단계 다시 읽어봐요.

다시 소리 내어 읽고, 걸린 시간을 아래 빈칸에 써 보세요.

걸린 시간 　분　 초

정답 ▶ 161쪽

내용을 확인해요

본문에서 읽었던 내용을 떠올리며 아래 문제를 풀어봐요.

1 장소에 어울리는 물건을 찾아 연결하세요.

① 텃밭　　　•　　　• ㉠ 떡
② 장독대　•　　　• ㉡ 장독
③ 방앗간　•　　　• ㉢ 호박순

2 빈칸의 초성에 맞춰 알맞은 낱말을 쓰세요.

① 동생과 누나가 | ㅅ | ㅂ | ㄲ | ㅈ | 을/를 했어요.

② 할머니가 김장을 하려고 | ㅂ | ㅇ | ㄱ | 에서 고춧가루를 빻아 오셨어요.

42 숨바꼭질을 하다가

43. 코피가 나요

9주차 3일

상상 1학년 2학기 | 다쳤어요
- 총 어절 수 61개
- 권장 읽기 시간 40초

아래 글을 소리 내어 읽고, 걸린 시간을 아래 빈칸에 써 보세요.

코피가 나면 먼저 주변이 안전한지 확인하고 자리에 앉아요.

고개를 앞으로 살짝 숙이고, 엄지와 검지로 코 윗부분을 눌러줘요.

코뼈를 위에서부터 만져 보면 딱딱한 부분이 끝나는 곳이 느껴져요.

그 부분을 5분 정도 꾹 눌러요.

코피가 나올 때 고개를 뒤로 젖히면 안 돼요.

피가 목으로 넘어가면 위험할 수 있거든요.

피가 멈추면 조용히 쉬고, 코를 세게 풀지 말아요.

코피가 멈추지 않으면

어른에게 도움을 요청해야 해요.

걸린 시간 ◯ 분 ◯ 초

낱말을 익혀요

손가락 이름을 알아보아요.

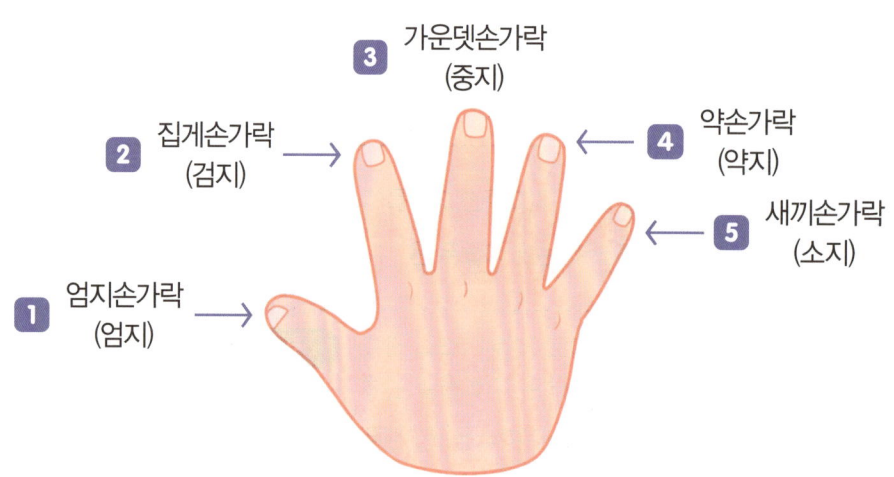

1. 엄지손가락 (엄지)
2. 집게손가락 (검지)
3. 가운뎃손가락 (중지)
4. 약손가락 (약지)
5. 새끼손가락 (소지)

단계별로 연습하기

1단계 올바른 발음을 익혀요.

발음이 어렵거나 헷갈리는 낱말들을 정확하게 읽어요.

① 앉아요 [안자요]　　② 숙이고 [수기고]
③ 윗부분 [위뿌분/윋뿌분]　　④ 딱딱한 [딱따칸]
⑤ 끝나는 [끈나는]　　⑥ 젖히면 [저치면]

2단계 듣고 따라 읽어요.

QR코드에서 들려주는 선생님의 음성을 들으며 읽는 연습을 해요.

1 정확하게 따라 읽어요.
2 속도에 맞춰 따라 읽어요.
3 자연스럽게 따라 읽어요.

3단계 다시 읽어봐요.

다시 소리 내어 읽고, 걸린 시간을 아래 빈칸에 써 보세요.

걸린 시간 ◯ 분 ◯ 초

정답 ▶ 162쪽

내용을 확인해요

본문에서 읽었던 내용을 떠올리며 아래 문제를 풀어봐요.

1 다음을 읽고, 맞으면 ◯, 틀리면 ✕ 하세요.

① 코피가 나면 고개를 뒤로 젖혀야 한다.　　(　　)
② 코피가 나면 콧구멍을 눌러서 코피가 안 나오게 한다.　　(　　)
③ 코피가 멈추지 않으면 주변에 도움을 요청한다.　　(　　)

2 (　) 안에서 알맞은 낱말을 골라 ◯ 하세요.

① 코피가 날 때 고개를 (앞으로 / 옆으로) 숙여요.
② 엄지와 검지로 코 (윗부분 / 아랫부분)을 눌러줘요.
③ 피가 멈추면 코를 세게 (풀어요 / 풀지 않아요).

43 코피가 나요

야외에서는 이걸 조심해요

상상 1학년 2학기 | 가을을 즐길 때는

- 총 어절 수 60개
- 권장 읽기 시간 40초

아래 글을 소리 내어 읽고, 걸린 시간을 아래 빈칸에 써 보세요.

밖에서 놀 때는 주의할 점이 있어요.
풀밭이나 숲에는 진드기나 쥐가 있다는 걸 기억해야 해요.
진드기에 물리면 아플 수 있고,
쥐의 배설물에서 나오는 병균이 몸에 들어올 수 있어요.
그래서 야외에서 놀 때는 긴 옷을 입고,
진드기 기피제를 뿌리면 좋아요.
돗자리를 깔고 앉으면 더 안전하고요.
집에 돌아오면 옷을 털고 세탁해야 해요.
샤워하면서 몸에 벌레가 붙어 있는지도 확인하세요.
안전하게 야외 활동을 즐겨 보세요!

걸린 시간 분 초

 **낱말을 익혀요** 본문에 수록된 주요 낱말들의 뜻을 익혀요.

1 배설물
- 뜻: 생물체가 몸 밖으로 내보내는 똥이나 오줌, 땀 같은 노폐물
- 예문: 강아지 배설물 때문에 길에서 냄새가 났어요.

2 기피제
- 뜻: 곤충이나 작은 동물 등을 쫓기 위하여 쓰는 약
- 예문: 나는 모기 기피제를 뿌린 덕분에 모기에 안 물렸어요.

3 야외
- 뜻: 도시에서 조금 떨어져 있는 들판
- 예문: 야외 활동 후에는 깨끗이 씻어야 해요.

단계별로 연습하기

1단계 올바른 발음을 익혀요.

발음이 어렵거나 헷갈리는 낱말들을 정확하게 읽어요.

① 주의할 [주의할/주이할]   ② 풀밭이나 [풀바치나]
③ 숲에는 [수페는]   ④ 돗자리 [돋짜리]
⑤ 세탁해야 [세타캐야]   ⑥ 활동 [활똥]

2단계 듣고 따라 읽어요.

QR코드에서 들려주는 선생님의 음성을 들으며 읽는 연습을 해요.

1 정확하게 따라 읽어요.   2 속도에 맞춰 따라 읽어요.   3 자연스럽게 따라 읽어요.

3단계 다시 읽어봐요.

다시 소리 내어 읽고, 걸린 시간을 아래 빈칸에 써 보세요.

걸린 시간　　분　　초

정답 ▶ 162쪽

내용을 확인해요

본문에서 읽었던 내용을 떠올리며 아래 문제를 풀어봐요.

1 야외에서 놀 때 올바른 행동으로 알맞은 것을 모두 고르세요.

① 집에 돌아오면 옷을 턴다.   ② 항상 반팔을 입는다.
③ 진드기 기피제를 뿌린다.   ④ 돗자리에는 앉지 않는다.

2 빈칸의 초성에 맞춰 알맞은 낱말을 쓰세요.

① ㅈㄷㄱ 은/는 동물의 살에 붙어 피를 빨아 먹고 병을 옮기는 벌레예요.

② 야외 활동 후 집에 돌아오면 옷을 털고 ㅅㅌ 하는 것이 좋아요.

45. 말은 주워 담을 수 없어요

상상 1학년 2학기 | • 행복을 주는 말을 해요

- 총 어절 수 60개
- 권장 읽기 시간 40초

아래 글을 소리 내어 읽고, 걸린 시간을 아래 빈칸에 써 보세요.

'화살은 쏘고 주워도 말은 하고 못 줍는다'는
속담의 뜻은 무엇일까요?
화살은 쏘고 나서 주울 수 있지만,
말은 한 번 하고 나면 되돌릴 수 없다는 뜻이에요.
'가는 말이 고와야 오는 말이 곱다'는 속담은
내가 고운 말을 해야 다른 사람도 나에게
친절하게 말한다는 뜻이죠.
말은 마음을 따뜻하게 할 수도, 상처를 줄 수도 있어요.
그러니 항상 말하기 전에 한 번 더 생각하기로 해요!

흥, 말은 한 번 하고 나면 되돌릴 수 없어.

시우야, 네 머리가 크다고 놀려서 미안해.

걸린 시간 분 초

낱말을 익혀요 — 본문에 수록된 주요 낱말들의 뜻을 익혀요.

1 화살
- 뜻: 활에서 쏘아서 멀리 날아가도록 만든 물건
- 예문: 화살이 과녁 한가운데에 정확히 꽂혔어요.

2 되돌리다
- 뜻: 어떤 것이나 상황을 원래의 상태가 되게 하다
- 예문: 친구에게 한 말을 되돌리고 싶었지만 이미 늦었어요.

3 곱다
- 뜻: 마음이나 말이 부드럽고 친절하다
- 예문: 내 친구 현수는 마음씨가 고와서 다른 사람을 잘 도와줘요.

단계별로 연습하기

1단계 올바른 발음을 익혀요.

발음이 어렵거나 헷갈리는 낱말들을 정확하게 읽어요.

① 화살은 [화사른] ② 줍는다 [줌는다]
③ 뜻은 [뜨슨] ④ 없다는 [업따는]
⑤ 곱다 [곱따] ⑥ 따뜻하게 [따뜨타게]

2단계 듣고 따라 읽어요.

QR코드에서 들려주는 선생님의 음성을 들으며 읽는 연습을 해요.

1 정확하게 따라 읽어요.
2 속도에 맞춰 따라 읽어요.
3 자연스럽게 따라 읽어요.

3단계 다시 읽어봐요.

다시 소리 내어 읽고, 걸린 시간을 아래 빈칸에 써 보세요.

걸린 시간 분 초

정답 ▶ 162쪽

내용을 확인해요

본문에서 읽었던 내용을 떠올리며 아래 문제를 풀어봐요.

1 '가는 말이 고와야 오는 말이 곱다'에서 '곱다' 대신 쓸 수 있는 말을 <u>모두</u> 고르세요.

① 밉다 ② 거칠다
③ 부드럽다 ④ 아름답다

2 빈칸의 초성에 맞춰 알맞은 낱말을 쓰세요.

① ㅎㅅ 은/는 쏘고 주워도, ㅁ 은/는 하고 못 줍는다.

② 말은 다른 사람에게 ㅅㅊ 을/를 줄 수 있으니, 조심해야 해요.

③ 말은 한 번 하면 ㄷㄷㄹ 수 없어요.

10주차 1일 46

상상 1학년 2학기 | 무엇이든 바꿀 수 있다면
- 총 어절 수 60개
- 권장 읽기 시간 40초

나는 누구일까요?

아래 글을 소리 내어 읽고, 걸린 시간을 아래 빈칸에 써 보세요.

나는 길쭉하게 생겼어요.
내가 일할 땐 '사각사각' 소리가 나요.
내 몸통은 매끄럽기도 하고, 어떤 건 손에 잘 잡히게 울퉁불퉁하기도 해요.
나는 글자를 쓰거나 그림을 그릴 때 자주 쓰여요.
그러다 실수해도 걱정 없어요.
내 친구가 도와주거든요.
내 친구는 말랑말랑해서 내가 남긴 흔적을 감쪽같이 지워 줘요.
나는 쓰면 쓸수록 친구들의 손에서 점점 짧아지지만,
그럴수록 더 열심히 친구들을 도와주고 싶어요.
나는 과연 누구일까요?

걸린 시간 분 초

 **낱말을 익혀요** 본문에 수록된 주요 낱말들의 뜻을 익혀요.

1 몸통
- 뜻: 몸에서 머리, 팔, 다리 등을 뺀 중심 부분
- 예문: 우리 집 강아지는 **몸통**은 까맣고, 다리에는 얼룩이 있어요.

2 실수
- 뜻: 잘 알지 못하거나 조심하지 않아서 저지르는 잘못
- 예문: 나는 **실수**로 물을 쏟아서 옷이 다 젖었어요.

3 감쪽같이
- 뜻: 남이 알 수 없을 정도로 꾸미거나 고친 흔적이 없이
- 예문: 어젯밤에 내렸던 눈이 **감쪽같이** 녹아서 사라졌어요.

단계별로 연습하기

1단계 올바른 발음을 익혀요.

발음이 어렵거나 헷갈리는 낱말들을 정확하게 읽어요.

① 길쭉하게 [길쭈카게] ② 잡히게 [자피게]
③ 실수해도 [실쑤해도] ④ 없어요 [업써요]
⑤ 감쪽같이 [감쪼까치] ⑥ 짧아지지만 [짤바지지만]

2단계 듣고 따라 읽어요.

QR코드에서 들려주는 선생님의 음성을 들으며 읽는 연습을 해요.

1 정확하게 따라 읽어요.
2 속도에 맞춰 따라 읽어요.
3 자연스럽게 따라 읽어요.

3단계 다시 읽어봐요.

다시 소리 내어 읽고, 걸린 시간을 아래 빈칸에 써 보세요.

걸린 시간 　분　　초

정답 ▶ 162쪽

내용을 확인해요

본문에서 읽었던 내용을 떠올리며 아래 문제를 풀어봐요.

1 '나'와 '내 친구'가 누구일지 생각해 보고 (　) 안에 쓰세요.

① 나: (　　　　　)

② 내 친구: (　　　　　)

2 낱말과 관련 있는 설명을 찾아 연결하세요.

① 모양　•　　　　• ㉠ 매끄럽거나 울퉁불퉁하기도 해요.

② 소리　•　　　　• ㉡ 길쭉하게 생겼어요.

③ 촉감　•　　　　• ㉢ 사각사각 소리가 나요.

46 나는 누구일까요?

47. 친구를 오해한 날

10주차 2일

상상 1학년 2학기 | 거꾸로 생각한다면
- 총 어절 수 60개
- 권장 읽기 시간 40초

아래 글을 소리 내어 읽고, 걸린 시간을 아래 빈칸에 써 보세요.

2025년 7월 11일 금요일   날씨: 맑음

앞에서 걸어가는 친구를 여러 번 불렀는데 그냥 가버렸다.
그 친구에게 과자를 줬을 땐 안 먹는다고 했다.
친구가 나를 싫어하는 것 같아 속상했다.
친구는 머리카락을 들추어 머리에 붙어 있는 작은 기계를 보여줬다.
"이걸 '인공 와우'라고 해.
나는 귀가 잘 안 들려서 이 기계로 소리를 들어.
그래도 잘 안 들릴 때가 많아.
그리고 나는 알레르기가 있어서 과자를 못 먹거든."
친구를 오해해서 미안했다.

걸린 시간   분   초

낱말을 익혀요

본문에 수록된 주요 낱말들의 뜻을 익혀요.

1 들추다
- 뜻: 덮인 것을 들어 올려 속을 보게 하다
- 예문: 세호는 냇가에서 돌을 들추어 돌 틈에 숨은 가재를 잡았다.

2 인공 와우
- 뜻: 손상된 달팽이관의 역할을 대신하는 전기적 장치
- 예문: 인공 와우는 귀에 소리를 보내 주는 기계예요.

3 오해
- 뜻: 어떤 일을 잘못 알거나 잘못 생각함
- 예문: 동생이 내 과자를 먹었다고 오해했는데, 알고 보니 아빠가 드셨어.

 단계별로 연습하기

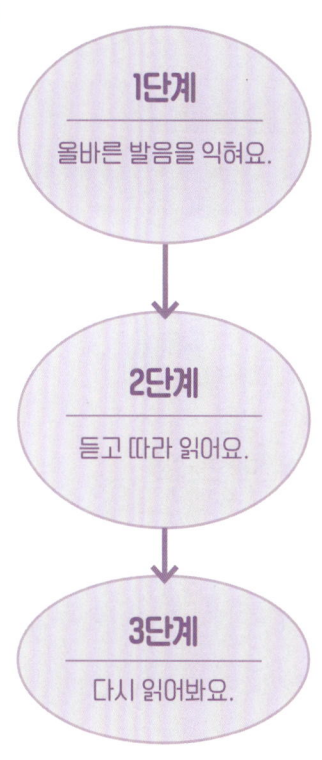

발음이 어렵거나 헷갈리는 낱말들을 정확하게 읽어요.

① 걸어가는 [거러가는] ② 먹는다고 [멍는다고]
③ 싫어하는 [시러하는] ④ 속상했다 [속쌍핻따]
⑤ 있는 [인는] ⑥ 못 먹거든 [몬 먹꺼든]

QR코드에서 들려주는 선생님의 음성을 들으며 읽는 연습을 해요.

1 정확하게 따라 읽어요.
2 속도에 맞춰 따라 읽어요.
3 자연스럽게 따라 읽어요.

다시 소리 내어 읽고, 걸린 시간을 아래 빈칸에 써 보세요.

걸린 시간 분 초

정답 ▶ 162쪽

 내용을 확인해요

본문에서 읽었던 내용을 떠올리며 아래 문제를 풀어봐요.

1 '내'가 친구를 오해한 것을 <u>모두</u> 고르세요.

① 친구가 나를 따라다녔다.
② 친구가 내 말을 못 들은 척했다.
③ 나를 싫어해서 내가 주는 과자도 안 받았다.

2 친구가 과자를 안 먹은 진짜 이유는 무엇인가요?

① 내가 싫어서
② 배가 불러서
③ 알레르기가 있어서

48. 초능력을 고를 수 있다면?

10주차 3일 | 상상 1학년 2학기 · 초능력이 생긴다면
- 총 어절 수 56개
- 권장 읽기 시간 40초

아래 글을 소리 내어 읽고, 걸린 시간을 아래 빈칸에 써 보세요.

"아저씨, 동전 떨어뜨리셨어요."
나는 얼른 동전을 주워 아저씨에게 돌려드렸어.
아저씨가 웃으며 말씀하셨어.
"참 착하구나. 이 동전은 네가 가지렴."
아저씨는 온데간데없이 사라지고, 눈앞에 '초능력 가게'가 나타났어.
신기해서 들어가 보니 할머니가 물어보셨어.
"어떤 초능력을 줄까? 그 동전이면 초능력을 세 개는 살 수 있겠구나."
나는 고민하다가 한 항아리를 가리키며 말했어.
"시간을 멈추는 능력이요!"
할머니는 빙긋 웃으며 좋은 선택이라고 말씀하셨어.

걸린 시간 　　분　　초

 **낱말을 익혀요** — 본문에 수록된 주요 낱말들의 뜻을 익혀요.

1　온데간데없이
- 뜻: 흔적도 없이 사라져서 찾을 수가 없게
- 예문: 고양이가 방금까지 여기 있었는데 온데간데없이 사라졌어.

2　초능력
- 뜻: 과학으로는 설명할 수 없는 특별하고 신기한 힘
- 예문: 순간 이동할 수 있는 초능력이 있으면 학교에 늦지 않을 거야.

3　선택
- 뜻: 여럿 중에서 필요한 것을 골라 뽑음
- 예문: 우리는 맛있는 메뉴가 너무 많아서 선택하기가 어려웠다.

단계별로 연습하기

1단계 올바른 발음을 익혀요.

발음이 어렵거나 헷갈리는 낱말들을 정확하게 읽어요.

① 떨어뜨리셨어요 [떠러뜨리셔써요] ② 착하구나 [차카구나]
③ 온데간데없이 [온데간데업씨] ④ 초능력 [초능녁]
⑤ 빙긋 [빙귿] ⑥ 웃으며 [우스며]

2단계 듣고 따라 읽어요.

QR코드에서 들려주는 선생님의 음성을 들으며 읽는 연습을 해요.

1. 정확하게 따라 읽어요.
2. 속도에 맞춰 따라 읽어요.
3. 자연스럽게 따라 읽어요.

3단계 다시 읽어봐요.

다시 소리 내어 읽고, 걸린 시간을 아래 빈칸에 써 보세요.

걸린 시간   분   초

정답 ▶ 162쪽

내용을 확인해요

본문에서 읽었던 내용을 떠올리며 아래 문제를 풀어봐요.

1 일이 일어난 순서대로 기호를 쓰세요.

> 가. 내가 원하는 초능력을 골랐다.
> 나. 아저씨가 나에게 동전을 선물로 줬다.
> 다. 갑자기 눈앞에 '초능력 가게'가 나타났다.
> 라. 어떤 아저씨가 떨어뜨린 동전을 주워드렸다.

(   ) → (   ) → (   ) → (   )

2 내가 가장 갖고 싶은 초능력을 한 가지 생각해 보고 쓰세요.

10주차 4일
49

상상 1학년 2학기 | • 장난감이 춤을 춘다면
• 총 어절 수 60개
• 권장 읽기 시간 40초

'호두까기 인형' 이야기

아래 글을 소리 내어 읽고, 걸린 시간을 아래 빈칸에 써 보세요.

러시아 작곡가 차이콥스키는 '호두까기 인형'이라는 아름다운 발레곡을 만들었어요.
이 이야기는 크리스마스 이브에 클라라가 호두까기 인형을 선물로 받으며 시작돼요.
그날 밤 클라라의 꿈에 나쁜 생쥐 왕이
클라라의 집을 공격해요.
호두까기 인형이 생쥐 왕과 싸웠지만 힘겨워 보였어요.
클라라는 슬리퍼를 던져 생쥐 왕을 물리쳤어요.
호두까기 인형은 멋진 왕자로 변해서
자신의 목숨을 구해준 클라라를 과자 나라로 초대해요.
과자 나라에서는 요정들이 춤을 추며 클라라를 반겨요.

걸린 시간 　 분 　 초

낱말을 익혀요　본문에 수록된 주요 낱말들의 뜻을 익혀요.

1　작곡가
- 뜻: 노래나 음악을 만드는 사람
- 예문: 베토벤은 귀가 잘 안 들렸지만, 위대한 작곡가였어요.

2　발레곡
- 뜻: 발레에 쓰이도록 만들어진 곡
- 예문: 발레리나가 무대에서 아름다운 발레곡에 맞춰 발레를 췄어요.

3　힘겹다
- 뜻: 힘이 모자라거나 부족하여 어떤 일을 당해 내기 어렵다
- 예문: 우리는 산을 오르는 게 힘겨웠지만 끝까지 올라갔어요.

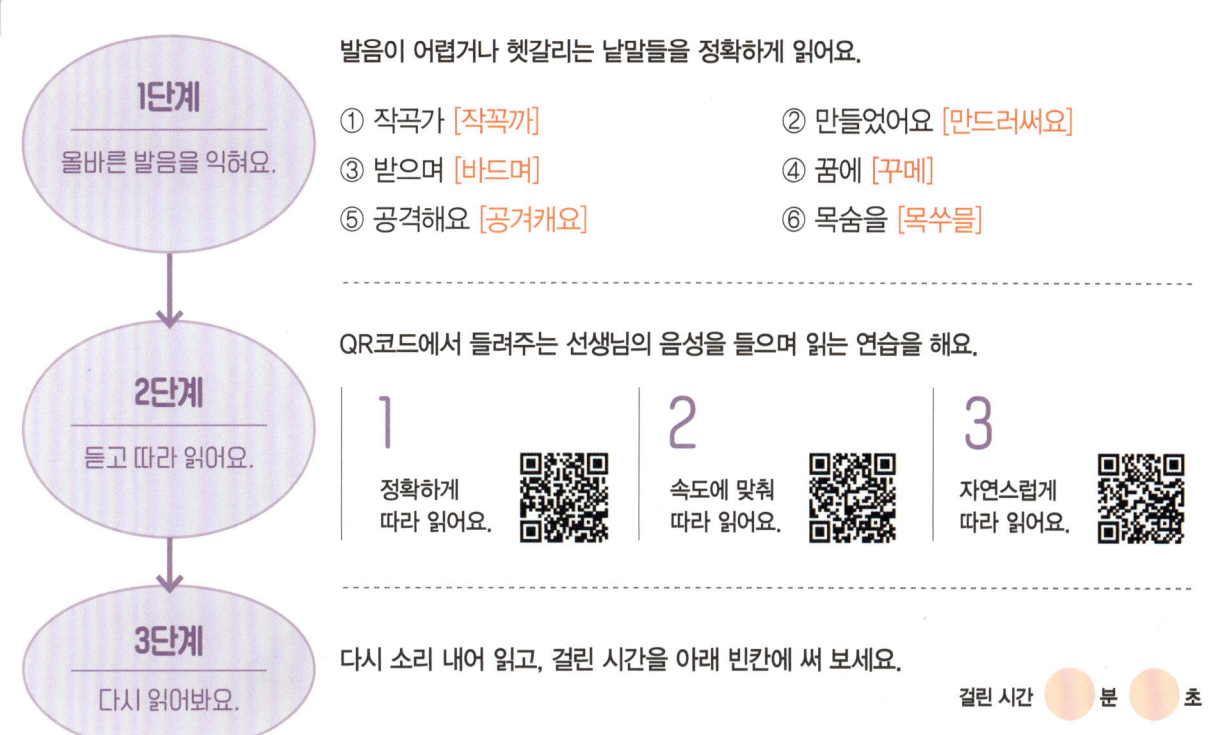

내용을 확인해요

정답 ▶ 162쪽

본문에서 읽었던 내용을 떠올리며 아래 문제를 풀어봐요.

1 '호두까기 인형'의 이야기는 언제 일어난 일인가요?

① 설날　　　② 추석　　　③ 크리스마스

2 빈칸의 초성에 맞춰 알맞은 낱말을 쓰세요.

① '호두까기 인형'은 발레에 쓰이도록 만들어진 ㅂ ㄹ ㄱ 이에요.

② 차이콥스키는 러시아의 유명한 ㅈ ㄱ ㄱ 예요.

③ 호두까기 인형은 ㅅ ㅈ ㅇ 와/과 싸웠어요.

10주차 5일
50

상상 1학년 2학기 | • 행복을 주는 말을 해요

- 총 어절 수 60개
- 권장 읽기 시간 40초

비밀 요원의 활약

아래 글을 소리 내어 읽고, 걸린 시간을 아래 빈칸에 써 보세요.

시우는 '상호 배려와 존중'의 비밀 요원이에요.

비밀 요원은 아무도 모르게 배려하고 존중하는 일을 해야 해요.

어느 날, 시우는 귀가하다가 건널목 앞에서 완희를 만났어요.

완희는 다리를 다쳐 목발을 짚고 있었는데, 신발 끈이 풀려 있는 거예요.

시우는 신발 끈을 묶어 주고 싶었지만,

완희의 뜻을 존중해야 한다고 생각했어요,

그래서 완희에게 물어봤어요

"완희야, 내가 신발 끈 묶어 줄까?"

"응, 고마워."

시우와 완희는 싱긋 웃었어요.

걸린 시간 분 초

 **낱말을 익혀요**   본문에 수록된 주요 낱말들의 뜻을 익혀요.

1 상호
- 뜻: 짝을 이루거나 관계를 맺고 있는 이쪽과 저쪽 모두
- 예문: 상호 존중은 서로의 마음을 생각하는 거예요.

2 배려
- 뜻: 관심을 가지고 보살펴 주거나 도와줌
- 예문: 친구가 힘들어할 때 조용히 같이 있어 주는 것도 배려예요.

3 귀가
- 뜻: 집으로 돌아가거나 돌아옴
- 예문: 요즘 아빠가 회사 일 때문에 바빠서 귀가를 늦게 하신다.

단계별로 연습하기

1단계 - 올바른 발음을 익혀요.

발음이 어렵거나 헷갈리는 낱말들을 정확하게 읽어요.

① 앞에서 [아페서] ② 목발을 [목빠를]
③ 짚고 [집꼬] ④ 끈이 [끄니]
⑤ 묶어 [무꺼] ⑥ 뜻을 [뜨슬]

2단계 - 듣고 따라 읽어요.

QR코드에서 들려주는 선생님의 음성을 들으며 읽는 연습을 해요.

1. 정확하게 따라 읽어요.
2. 속도에 맞춰 따라 읽어요.
3. 자연스럽게 따라 읽어요.

3단계 - 다시 읽어봐요.

다시 소리 내어 읽고, 걸린 시간을 아래 빈칸에 써 보세요.

걸린 시간 ◯ 분 ◯ 초

정답 ▶ 162쪽

내용을 확인해요

본문에서 읽었던 내용을 떠올리며 아래 문제를 풀어봐요.

1 시우가 완희를 만난 장소는 어디인가요?

① 집 앞   ② 건널목 앞   ③ 교실 근처

2 빈칸의 초성에 맞춰 알맞은 낱말을 쓰세요.

① 시우는 ㄱㄱ 하는 길에 완희를 만났어요.

② 도움이 필요한지 물어 본 이유는 친구의 뜻을 ㅈㅈ 하기 위해서예요.

③ 시우는 완희의 신발 끈을 ㅁㅇ 주고 싶었어요.

5장 〈통합-상상〉 마무리 활동

정답 ▶ 162쪽

1 5장에서 배운 내용을 생각하며, 아래의 낱말을 정확하게 읽어봐요.

1	정의롭다	2	옳고
3	그름	4	텃밭
5	꽃모종	6	방앗간
7	윗부분	8	딱딱한
9	젖히다	10	배설물
11	기피제	12	세탁하다
13	화살	14	되돌리다
15	곱다	16	길쭉하게
17	실수	18	감쪽같이
19	싫어하다	20	들추다
21	오해	22	온데간데없이
23	초능력	24	선택
25	작곡가	26	공격하다
27	힘겹다	28	상호
29	배려	30	귀가

5장에 실린 내용들을 잘 이해했는지 다시 한번 문제를 풀면서 확인해 보아요.

2 다음을 읽고, 맞으면 O, 틀리면 X 하세요.

[41과] ① 해태는 옛날에 실제로 우리나라에 살던 동물이다. (　　)

[42과] ② 방앗간에서는 떡을 만들거나 고춧가루를 빻는다. (　　)

[43과] ③ 코피가 날 땐 고개를 옆으로 돌려야 한다. (　　)

[44과] ④ 풀밭이나 숲에는 진드기나 쥐가 있을 수 있다. (　　)

[49과] ⑤ '호두까기 인형'은 군대가 행진할 때 쓰는 곡이다. (　　)

3 <보기>에서 알맞은 낱말을 골라 빈칸에 쓰세요.

보기

오해　　화살　　상호　　초능력　　작곡가　　감쪽같이

[45과] ① [　　　　] 은/는 쏘고 주워도, 말은 하고 못 줍는다.

[46과] ② 넘어져서 생긴 상처가 [　　　　] 아물었다.

[47과] ③ 사소한 [　　　　] 이/가 생겨서 친구랑 싸우고 헤어졌다.

[48과] ④ 시간을 멈추는 능력 같은 [　　　　] 을/를 갖고 싶다.

[50과] ⑤ [　　　　] 은/는 '관계가 있는 이쪽과 저쪽 모두', '서로서로'라는 뜻이다.

6장
통합 | 이야기

51	젊어지는 샘물
52	우렁이 각시
53	피노키오
54	공연장에서 이것만은 지켜요
55	사람이 많은 곳에 갈 때는
56	볼링을 해 볼까요?
57	실감나게 읽어봐요
58	내가 읽은 이야기
59	기억에 남는 일을 발표해요
60	내 비밀 친구는 누구일까?

11주차 1일
51

젊어지는 샘물

이야기 1학년 2학기 | • 소원을 적어 보자

- 총 어절 수 60개
- 권장 읽기 시간 40초

아래 글을 소리 내어 읽고, 걸린 시간을 아래 빈칸에 써 보세요.

옛날 어느 마을에 한 노인 부부가 살고 있었어요.
노인 부부는 둘이 건강하게 오래 사는 게 소원이었지요.
어느 날 산에서 할아버지가 나무를 하다가
목이 말라 샘물을 마셨어요.
그런데 샘물에 비친 모습을 보니 젊어진 거예요!
할아버지는 집에 가서 할머니에게 이야기했고,
할머니도 샘물을 마시고 젊어졌어요.
노인 부부의 옆집에 살던 욕심쟁이 할아버지는
그 소식을 듣고 샘물을 많이 마셨어요.
그러자 욕심쟁이 할아버지는 갓난아기가 되고 말았답니다.

걸린 시간 　 분 　 초

 **낱말을 익혀요**　본문에 수록된 주요 낱말들의 뜻을 익혀요.

1 노인
- 뜻: 나이가 들어 늙은 사람
- 예문: 65세 이상 노인은 지하철을 무료로 탈 수 있어요.

2 소원
- 뜻: 어떤 일이 이루어지기를 바람 또는 바라는 그 일
- 예문: 나의 소원은 우리 가족이 모두 행복하게 사는 거예요.

3 샘물
- 뜻: 땅속에서 솟아 나오는 물
- 예문: 목이 마를 때 샘물 한 모금을 마시니 시원했어요.

단계별로 연습하기

1단계 올바른 발음을 익혀요.

발음이 어렵거나 헷갈리는 낱말들을 정확하게 읽어요.

① 옛날 [옌날]   ② 할아버지 [하라버지]
③ 젊어진 [절머진]   ④ 옆집에 [엽찌베]
⑤ 욕심쟁이 [욕씸쟁이]   ⑥ 갓난아기 [간난아기]

2단계 듣고 따라 읽어요.

QR코드에서 들려주는 선생님의 음성을 들으며 읽는 연습을 해요.

1 정확하게 따라 읽어요.
2 속도에 맞춰 따라 읽어요.
3 자연스럽게 따라 읽어요.

3단계 다시 읽어봐요.

다시 소리 내어 읽고, 걸린 시간을 아래 빈칸에 써 보세요.

걸린 시간 ◯ 분 ◯ 초

정답 ▶ 163쪽

내용을 확인해요

본문에서 읽었던 내용을 떠올리며 아래 문제를 풀어봐요.

1 '젊어지는 샘물' 이야기에 나오는 인물을 <u>모두</u> 고르세요.

① 샘물   ② 노인
③ 노인의 아내   ④ 욕심쟁이 할아버지

2 빈칸의 초성에 맞춰 알맞은 낱말을 쓰세요.

① 노인 부부의 [ㅅ][ㅇ] 은/는 둘이 건강하게 오래오래 사는 거였어요.

② [ㅅ][ㅁ] 을/를 마시고 노인 부부는 젊어졌어요.

③ 샘물을 너무 많이 마신 할아버지는 [ㄱ][ㄴ][ㅇ][ㄱ] 이/가 됐어요.

11주차 2일
52

우렁이 각시

이야기 1학년 2학기 | • 나만의 비밀 친구를 갖고 싶어

• 총 어절 수 60개
• 권장 읽기 시간 40초

아래 글을 소리 내어 읽고, 걸린 시간을 아래 빈칸에 써 보세요.

옛날에 부지런한 총각이 살고 있었어요.
하루는 총각이 농사일을 하다가
'농사를 지어서 누구랑 먹고 살지?'라고 하자,
"나랑 먹고 살지."라는 목소리가 들렸어요.
깜짝 놀라 주변을 살펴보니 우렁이가 있었어요.
총각은 그 우렁이를 집에 데리고 왔어요.
그다음 날부터 집에 돌아오면 밥상이 차려져 있었어요.
이상하게 생각한 총각이 몰래 지켜보니,
우렁이가 아가씨로 변해 밥을 짓는 거였어요.
총각은 아가씨에게 각시가 되어 달라고 했고, 그렇게 둘은 사이좋게 살았대요.

걸린 시간   분   초

 **낱말을 익혀요**   본문에 수록된 주요 낱말들의 뜻을 익혀요.

1 총각
- 뜻: 결혼하지 않은 어른 남자
- 예문: 우리 삼촌은 총각인데, 결혼하면 정말 멋진 남편이 될 것 같아요.

2 우렁이
- 뜻: 껍데기는 원뿔형이고 어두운 녹색을 띤 채 논, 웅덩이 등에 사는 고둥
- 예문: '우렁이도 집이 있다'는 속담이 있어요.

3 각시
- 뜻: '아내'를 달리 이르는 말 또는 갓 결혼한 여자
- 예문: 각시가 수줍게 웃으며 신랑 옆에 있었어요.

단계별로 연습하기

1단계 올바른 발음을 익혀요.

발음이 어렵거나 헷갈리는 낱말들을 정확하게 읽어요.

① 옛날에 [옌날에]   ② 먹고 [먹꼬]
③ 목소리가 [목쏘리가]   ④ 집에 [지베]
⑤ 밥상 [밥쌍]   ⑥ 각시 [각씨]

2단계 듣고 따라 읽어요.

QR코드에서 들려주는 선생님의 음성을 들으며 읽는 연습을 해요.

1 정확하게 따라 읽어요.
2 속도에 맞춰 따라 읽어요.
3 자연스럽게 따라 읽어요.

3단계 다시 읽어봐요.

다시 소리 내어 읽고, 걸린 시간을 아래 빈칸에 써 보세요.

걸린 시간 ◯ 분 ◯ 초

정답 ▶ 163쪽

내용을 확인해요

본문에서 읽었던 내용을 떠올리며 아래 문제를 풀어봐요.

1 총각이 처음에 들은 목소리는 누구의 목소리였나요?

① 소   ② 밥상   ③ 우렁이

2 일어난 순서에 맞게 번호를 쓰세요.

☐ 총각이 집에 오니 밥상이 차려져 있었어요.

☐ 총각과 우렁이 각시는 함께 사이좋게 살았어요.

☐ 총각이 우렁이를 발견해서 집으로 데리고 왔어요.

☐ 총각은 우렁이가 아가씨로 변해 밥을 짓는 걸 보았어요.

52 우렁이 각시

11주차 3일
53

피노키오

이야기 1학년 2학기 | • 비밀 친구 인형을 만들자

• 총 어절 수 60개
• 권장 읽기 시간 40초

아래 글을 소리 내어 읽고, 걸린 시간을 아래 빈칸에 써 보세요.

제페토 할아버지가 나무 인형 피노키오를 만들었어요.
요정은 피노키오가 말도 하고 움직일 수 있게 해주었어요.
제페토 할아버지는 피노키오를 아들처럼 여겼어요.
그런데 피노키오는 학교에도 가지 않고 나쁜 친구랑 어울렸어요.
거짓말을 해서 코가 길어지기도 했고요.
어느 날 피노키오는 할아버지가 자신을 찾다가
바다에 빠졌다는 소식을 들었어요.
피노키오는 바다로 가서 고래 배 속에 있던 할아버지를 구했어요.
피노키오의 착한 마음을 본 요정은
피노키오를 사람으로 변하게 해주었답니다.

걸린 시간   분   초

낱말을 익혀요

본문에 수록된 주요 낱말들의 뜻을 익혀요.

1 여기다
뜻 마음속으로 어떤 것을 그렇게 생각하다
예문 우리 가족은 강아지를 가족처럼 여겨요.

2 어울리다
뜻 서로 잘 지내며 함께 놀거나 함께 활동하다
예문 우리는 반 친구들과 사이좋게 어울려 놀아요.

3 소식
뜻 멀리 있거나 자주 만나지 않는 사람의 이야기나 소문
예문 나는 전학을 간 친구의 소식을 듣고 반가웠어요.

단계별로 연습하기

1단계 — 올바른 발음을 익혀요.

발음이 어렵거나 헷갈리는 낱말들을 정확하게 읽어요.

① 움직일 [움지길] ② 여겼어요 [여겨써요]
③ 거짓말을 [거진마를] ④ 찾다가 [찯따가]
⑤ 있던 [읻떤] ⑥ 착한 [차칸]

2단계 — 듣고 따라 읽어요.

QR코드에서 들려주는 선생님의 음성을 들으며 읽는 연습을 해요.

1 정확하게 따라 읽어요.
2 속도에 맞춰 따라 읽어요.
3 자연스럽게 따라 읽어요.

3단계 — 다시 읽어봐요.

다시 소리 내어 읽고, 걸린 시간을 아래 빈칸에 써 보세요.

걸린 시간   분   초

정답 ▶ 163쪽

내용을 확인해요

본문에서 읽었던 내용을 떠올리며 아래 문제를 풀어봐요.

1 제페토 할아버지는 무엇으로 피노키오를 만들었나요?

① 흙 ② 돌 ③ 나무

2 다음을 읽고, 맞으면 O, 틀리면 X 하세요.

① 제페토 할아버지가 종이로 피노키오 인형을 만들었다. (   )
② 피노키오는 나쁜 친구와 어울리기도 했다. (   )
③ 피노키오는 거짓말을 해서 코가 짧아졌다. (   )
④ 피노키오는 고래 배 속에 있던 제페토 할아버지를 구했다. (   )
⑤ 요정은 피노키오를 고래로 변하게 했다. (   )

공연장에서 이것만은 지켜요

이야기 1학년 2학기 | ● 무대에 올랐어요

- 총 어절 수 60개
- 권장 읽기 시간 40초

아래 글을 소리 내어 읽고, 걸린 시간을 아래 빈칸에 써 보세요.

학예회처럼 무대에서 공연을 한 경험이 있나요?
무대에 설 때와 공연을 볼 때 모두 지켜야 할
안전 수칙이 있어요.
공연장에는 마이크나 스피커에 연결된 전선이
많으니까 전선에 걸려 넘어지지 않게
조심해야 해요.
눈부신 조명을 직접 보면 시력에 나쁠 수 있어요.
공연장에 들어가면 비상구의 위치를 미리 알아두세요.
통로에 짐을 두면 지나다니는 사람이 넘어질 수 있으니 치우고요.
안전 수칙을 잘 지켜서 공연을 즐겨 봐요.

걸린 시간 분 초

낱말을 익혀요

본문에 수록된 주요 낱말들의 뜻을 익혀요.

1 공연
- 뜻: 음악, 무용, 연극 등을 많은 사람들 앞에서 보이는 것
- 예문: 공연이 끝나자 사람들이 박수를 쳤어요.

2 조명
- 뜻: 무대나 사진을 찍을 때 밝게 비추는 빛
- 예문: 무대의 조명이 너무 밝아서 눈이 부셨어요.

3 시력
- 뜻: 물체를 볼 수 있는 눈의 능력
- 예문: 스마트폰을 오래 보면 시력이 떨어진대요.

 **단계별로 연습하기**

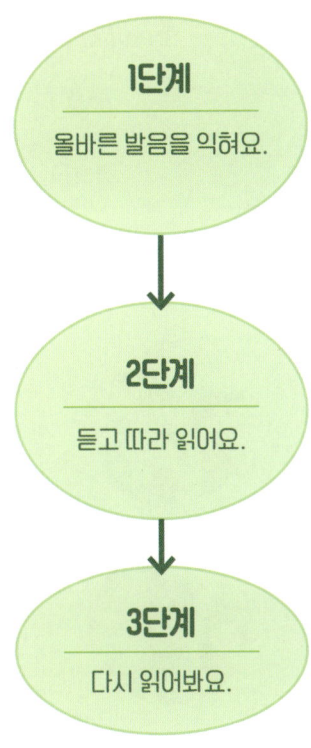

발음이 어렵거나 헷갈리는 낱말들을 정확하게 읽어요.

① 학예회 [하계회/하계훼]　　② 많으니까 [마느니까]
③ 않게 [안케]　　　　　　　④ 직접 [직쩝]
⑤ 통로 [통노]　　　　　　　⑥ 넘어질 [너머질]

QR코드에서 들려주는 선생님의 음성을 들으며 읽는 연습을 해요.

1 정확하게 따라 읽어요. 　　**2** 속도에 맞춰 따라 읽어요. 　　**3** 자연스럽게 따라 읽어요.

다시 소리 내어 읽고, 걸린 시간을 아래 빈칸에 써 보세요.

걸린 시간 분 초

정답 ▶ 163쪽

내용을 확인해요　　본문에서 읽었던 내용을 떠올리며 아래 문제를 풀어봐요.

1 공연장에서 지킬 안전 수칙은 무엇인가요?

① 통로에 짐을 둔다.
② 비상구 위치를 알아둔다.
③ 조명을 똑바로 계속 쳐다본다.

2 ( ) 안에 들어갈 알맞은 낱말을 연결하세요.

① (　　)을/를 비춘 곳이 밝아졌어요.　　•　　•　㉠ 공연
② (　　)이/가 나빠져서 안경을 맞췄어요.　•　　•　㉡ 시력
③ 지난 주말엔 (　　)을/를 보러 갔어요.　　•　　•　㉢ 조명

11주차 5일 55

이야기 1학년 2학기 | • 사람이 많은 곳에 왔어요

• 총 어절 수 60개
• 권장 읽기 시간 40초

사람이 많은 곳에 갈 때는

아래 글을 소리 내어 읽고, 걸린 시간을 아래 빈칸에 써 보세요.

사람이 많은 곳에 갈 때는 보호자와 떨어지지 않게 조심해요.
보호자와 떨어질 때를 대비해서 만날 장소를 정하는 것도 좋아요.
사람이 너무 많이 모이는 것 같으면, 빨리 그곳을 나와요.
움직일 때는 앞사람을 밀지 말고, 침착하게 움직여요.
서 있을 때는 팔짱을 껴서 갈비뼈를 보호해요.
가방을 앞으로 메는 것도 좋은 방법이에요.
넘어졌을 때는 재빨리 일어나고,
일어날 수 없으면 왼쪽으로 몸을 웅크려서
머리와 가슴을 보호해요.

걸린 시간 분 초

 **낱말을 익혀요**   본문에 수록된 주요 낱말들의 뜻을 익혀요.

1 보호자
- 뜻: 환자, 노인, 어린이 등을 돌볼 책임이 있는 사람
- 예문: 부모님은 나의 든든한 보호자예요.

2 팔짱
- 뜻: 두 팔을 마주 끼어 손을 두 겨드랑이 아래에 두는 일
- 예문: 나는 추워서 팔짱을 끼고 집으로 막 달려갔어요.

3 메다
- 뜻: 물건을 어깨나 등에 올려놓다
- 예문: 나는 책가방을 어깨에 멨어요.

142 6장 통합 - 이야기

단계별로 연습하기

1단계 올바른 발음을 익혀요.

발음이 어렵거나 헷갈리는 낱말들을 정확하게 읽어요.

① 떨어지지 [떠러지지]   ② 앞사람 [압싸람]
③ 침착하게 [침차카게]   ④ 앞으로 [아프로]
⑤ 좋은 [조은]   ⑥ 없으면 [업쓰면]

2단계 듣고 따라 읽어요.

QR코드에서 들려주는 선생님의 음성을 들으며 읽는 연습을 해요.

1 정확하게 따라 읽어요.
2 속도에 맞춰 따라 읽어요.
3 자연스럽게 따라 읽어요.

3단계 다시 읽어봐요.

다시 소리 내어 읽고, 걸린 시간을 아래 빈칸에 써 보세요.

걸린 시간   분   초

정답 ▶ 163쪽

내용을 확인해요

본문에서 읽었던 내용을 떠올리며 아래 문제를 풀어봐요.

1 사람이 많은 곳에 서 있을 때 팔짱을 끼는 이유는 무엇인가요?

① 춤을 추려고
② 친구랑 장난치려고
③ 갈비뼈를 보호하려고

2 사람이 많은 곳에서 어떻게 행동해야 하는지 알맞게 연결하세요.

① 넘어지면 • • ㉠ 앞사람을 밀지 않는다.
② 움직일 때는 • • ㉡ 빨리 그 장소에서 나온다.
③ 사람이 갑자기 많아지면 • • ㉢ 재빨리 일어난다.

12주차 1일 56

볼링을 해 볼까요?

이야기 1학년 2학기 | • 볼링
- 총 어절 수 61개
- 권장 읽기 시간 40초

아래 글을 소리 내어 읽고, 걸린 시간을 아래 빈칸에 써 보세요.

볼링은 기다란 길 위로 공을 굴려서,
끝에 세워진 핀을 쓰러뜨리는 운동이에요.
공이 굴러가는 기다란 길을 '레인'이라고 해요.
핀은 보통 10개가 세워져 있고, 공은 손으로 굴려요.
볼링공에는 손가락을 넣는 구멍이 있어서
쉽게 들어 올릴 수 있어요.

한 사람이 한 회에 공을 두 번 굴릴 수 있고,
두 번 굴려 쓰러뜨린 핀의 수만큼 점수를 얻어요.
10회 동안 핀을 많이 쓰러뜨릴수록 높은 점수를 받아요.

걸린 시간   분   초

낱말을 익혀요

본문에 수록된 주요 낱말들의 뜻을 익혀요.

1. 핀
- 뜻: 볼링에서, 공으로 쓰러뜨리는 물체
- 예문: 엄마는 첫 번째에 볼링 핀 아홉 개를 쓰러뜨렸어요.

2. 쓰러뜨리다
- 뜻: 서 있던 것을 넘어지게 하다
- 예문: 씨름은 상대편을 먼저 바닥에 쓰러뜨리는 사람이 이기는 운동이에요.

3. 레인
- 뜻: 볼링에서, 길이 약 18.28미터, 폭 약 1.04미터의 공을 굴리는 길
- 예문: 레인 옆으로 볼링공이 빠졌어요.

단계별로 연습하기

1단계 올바른 발음을 익혀요.

발음이 어렵거나 헷갈리는 낱말들을 정확하게 읽어요.

① 끝에 [끄테] ② 넣는 [넌는]
③ 쉽게 [쉽께] ④ 들어 [드러]
⑤ 쓰러뜨릴수록 [쓰러뜨릴쑤록] ⑥ 높은 [노픈]

2단계 듣고 따라 읽어요.

QR코드에서 들려주는 선생님의 음성을 들으며 읽는 연습을 해요.

1 정확하게 따라 읽어요.
2 속도에 맞춰 따라 읽어요.
3 자연스럽게 따라 읽어요.

3단계 다시 읽어봐요.

다시 소리 내어 읽고, 걸린 시간을 아래 빈칸에 써 보세요.

걸린 시간   분   초

정답 ▶ 163쪽

내용을 확인해요

본문에서 읽었던 내용을 떠올리며 아래 문제를 풀어봐요.

1 다음을 읽고, 맞으면 O, 틀리면 × 하세요.

① '레인'은 핀이 놓여 있는 곳을 말한다. ( )
② 볼링공에는 손가락을 넣을 수 있는 구멍이 있다. ( )
③ 핀을 적게 쓰러뜨려야 점수가 높다. ( )

2 빈칸에 알맞은 수를 쓰세요.

① 볼링 핀은 보통 ☐개가 세워져 있다.
② 한 사람이 한 회에 공을 ☐번 굴릴 수 있다.

57 실감나게 읽어봐요

12주차 2일

이야기 1학년 2학기 | 대사를 말해봐

- 총 어절 수 56개
- 권장 읽기 시간 40초

아래 글을 소리 내어 읽고, 걸린 시간을 아래 빈칸에 써 보세요.

생쥐: (불쌍한 목소리로) 사자님, 제발 저를 잡아먹지 마세요!
사자: (크게 웃으며) 하하. 먹기엔 너무 작으니 놓아 주마.
생쥐: (고맙고 기쁘게) 고맙습니다. 이 은혜는 꼭 갚을게요.
사자: (비웃는 듯이) 네가 날 돕는다고? 우습구나.

며칠 후

사자: (놀라면서) 이런, 그물에 걸렸잖아!
생쥐: (다급하게) 사자님, 제 이빨로 그물을 잘라 드릴게요.
사자: (반가워하며) 넌 얼마 전에 내가 놓아준 생쥐가 아니냐?
    (감탄하며) 오, 고맙구나. 그물이 진짜 끊어지고 있어.
생쥐: (기쁘고 자랑스럽게) 다 됐어요! 사자님은 이제 자유예요!
사자: (감동하며) 고맙다. 내가 정말 너에게 큰 은혜를 입었구나.

걸린 시간 ___ 분 ___ 초

 **더 알아봐요** 〈목소리 연극 연습〉에 대해 알아봐요.

* **목소리 연극 연습이란?**

목소리 연극은 몸으로 연기하지 않고, 입으로 말만 주고받는 연극이에요.

* **목소리 연극 연습은 어떻게 할까요?**

대사 옆에 괄호로 된 말이 보이죠? 이건 '지문'이라고 해요. 지문은 어떤 목소리로 말해야 하는지 알려주는 말이에요. 지문은 눈으로만 보고, 소리 내어 읽지 않아요. 예를 들어 '(불쌍한 목소리로)' 뒤에 나온 '사자님, 제발 저를 잡아먹지 마세요!'는 정말 불쌍한 마음이 들게 말해 보세요. 처음에는 천천히 정확히 읽고, 그다음에는 말하는 속도로 읽어요. 마지막엔 지문에 나오는 느낌을 살려 읽어 보세요.

단계별로 연습하기

1단계 올바른 발음을 익혀요.

발음이 어렵거나 헷갈리는 낱말들을 정확하게 읽어요.
① 잡아먹지 [자바먹찌]   ② 놓아 [노아]
③ 갚을게요 [가플께요]   ④ 우습구나 [우습꾸나]
⑤ 걸렸잖아 [걸려짜나]   ⑥ 끊어지고 [끄너지고]

2단계 듣고 따라 읽어요.

QR코드에서 들려주는 선생님의 음성을 들으며 읽는 연습을 해요.

1 정확하게 따라 읽어요. 2 속도에 맞춰 따라 읽어요. 3 자연스럽게 따라 읽어요.

3단계 다시 읽어봐요.

다시 소리 내어 읽고, 걸린 시간을 아래 빈칸에 써 보세요.

걸린 시간 ○ 분 ○ 초

정답 ▶ 163쪽

내용을 확인해요

본문에서 읽었던 내용을 떠올리며 아래 문제를 풀어봐요.

1 이야기의 제목으로 알맞은 것은 무엇인가요?
① 생쥐를 잡아먹은 사자
② 사자에게 복수한 생쥐
③ 사자와 은혜 갚은 생쥐

2 다음을 읽고, 맞으면 O, 틀리면 ×하세요.
① 목소리 연극은 몸짓은 하지 않고, 입으로 말만 하는 연극이다. (   )
② (   ) 안에 들어 있는 글을 '지문'이라고 한다. (   )
③ 지문은 소리를 내어 실감나게 읽는다. (   )

12주차 3일
58
내가 읽은 이야기

이야기 1학년 2학기 | • 이야기 마법사가 되고 싶어

• 총 어절 수 60개
• 권장 읽기 시간 40초

아래 글을 소리 내어 읽고, 걸린 시간을 아래 빈칸에 써 보세요.

나는 『개미와 베짱이』 이야기를 읽었어.
이 이야기의 등장인물은 여름 내내 쉬지 않고 부지런히 일하는 개미와
하루 종일 놀기만 하는 베짱이야.
개미가 일하라고 해도 베짱이는 놀기만 했어.
추운 겨울이 오자 베짱이는 춥고 배고팠어.
개미는 이런 베짱이를 도와주고 음식을 나누어 주었어.
내가 개미였다면 베짱이가 얄미웠을 것 같은데,
베짱이를 도와준 게 대단하다고 생각했어.
베짱이가 이제는 일을 열심히 하길 바라.
너희도 이 이야기를 읽어봐.

걸린 시간   분   초

 **낱말을 익혀요**   본문에 수록된 주요 낱말들의 뜻을 익혀요.

1 등장인물
- 뜻: 소설, 연극, 영화 등에 나오는 인물
- 예문: 내가 어제 읽은 책의 등장인물은 토끼와 거북이야.

2 내내
- 뜻: 처음부터 끝까지 계속해서
- 예문: 나는 수업 시간 내내 집중했어.

3 얄밉다
- 뜻: 다른 사람이 하는 행동이나 말 등이 싫거나 밉다
- 예문: 내 사탕을 몰래 먹은 동생이 얄미웠어.

단계별로 연습하기

1단계 올바른 발음을 익혀요.

발음이 어렵거나 헷갈리는 낱말들을 정확하게 읽어요.

① 등장인물은 [등장인무른] ② 춥고 [춥꼬]
③ 얄미웠을 [얄미워쓸] ④ 같은데 [가튼데]
⑤ 열심히 [열씨미] ⑥ 읽어봐 [일거봐]

2단계 듣고 따라 읽어요.

QR코드에서 들려주는 선생님의 음성을 들으며 읽는 연습을 해요.

1 정확하게 따라 읽어요.
2 속도에 맞춰 따라 읽어요.
3 자연스럽게 따라 읽어요.

3단계 다시 읽어봐요.

다시 소리 내어 읽고, 걸린 시간을 아래 빈칸에 써 보세요.

걸린 시간 ◯ 분 ◯ 초

정답 ▶ 163쪽

내용을 확인해요

본문에서 읽었던 내용을 떠올리며 아래 문제를 풀어봐요.

1 이 이야기의 등장인물을 <u>모두</u> 고르세요.

① 개미 ② 토끼 ③ 베짱이

2 일어난 순서에 맞게 번호를 쓰세요.

☐ 개미는 여름 내내 부지런히 일했어요.

☐ 겨울이 되자 베짱이는 춥고 배고팠어요.

☐ 개미는 베짱이에게 음식을 나누어 주었어요.

☐ 베짱이는 일하라는 개미의 말을 무시하고 놀기만 했어요.

12주차 4일
59

이야기 1학년 2학기 | • 기억에 남는 장면

• 총 어절 수 60개
• 권장 읽기 시간 40초

기억에 남는 일을 발표해요

아래 글을 소리 내어 읽고, 걸린 시간을 아래 빈칸에 써 보세요.

여러분은 1학년 때 가장 기억에 남는 일이 무엇인가요?
저는 어린이날 기념 체육대회를 한 일이 가장 기억에 남습니다.
운동장에서 친구들과 달리기, 공 굴리기, 이어달리기를 했습니다.
힘껏 뛰고, 서로 응원하며 실컷 웃었습니다.
특히 이어달리기에서 우리 반이 1등을 했을 때 정말 짜릿했습니다.
체육대회가 끝난 뒤 먹은 급식은 평소보다 훨씬 맛있었습니다.
그날은 날씨도 좋고, 체육대회도 재미있어서
온종일 행복했습니다.
어린이날이 더욱 특별하게 느껴졌던
멋진 하루였습니다.

걸린 시간 분 초

 **낱말을 익혀요**   본문에 수록된 주요 낱말들의 뜻을 익혀요.

1 기억
- 뜻: 이전의 모습, 사실, 지식, 경험 등을 잊지 않거나 다시 생각해 냄
- 예문: 선생님께서 칭찬해 준 일이 오래오래 기억에 남는다.

2 실컷
- 뜻: 하고 싶은 대로 한껏
- 예문: 우리는 방학 때 바닷가에서 실컷 놀았다.

3 온종일
- 뜻: 아침부터 저녁까지의 내내
- 예문: 내 동생은 감기에 걸렸을 때 아파서 온종일 누워 있었다.

 **단계별로 연습하기**

1단계 올바른 발음을 익혀요.

발음이 어렵거나 헷갈리는 낱말들을 정확하게 읽어요.

① 남습니다 [남씀니다]　② 실컷 [실컫]
③ 특히 [트키]　　　　④ 끝난 [끈난]
⑤ 급식 [급씩]　　　　⑥ 행복했습니다 [행보캐씀니다]

2단계 듣고 따라 읽어요.

QR코드에서 들려주는 선생님의 음성을 들으며 읽는 연습을 해요.

1 정확하게 따라 읽어요.　2 속도에 맞춰 따라 읽어요.　3 자연스럽게 따라 읽어요.

3단계 다시 읽어봐요.

다시 소리 내어 읽고, 걸린 시간을 아래 빈칸에 써 보세요.

걸린 시간　　분　　초

정답 ▶ 163쪽

 **내용을 확인해요**　　본문에서 읽었던 내용을 떠올리며 아래 문제를 풀어봐요.

1 여러분이 경험한 일 중 기억에 남는 것을 떠올려 빈칸에 쓰세요.

1학년 때 경험한 일 중 가장 기억에 남는 것은 _____
　　　　　　　　　　　　　　　　　　　　　　기억에 남는 일
입니다. _____
　　　　언제, 어디에서, 누구와, 무엇을
했습니다. 그 일을 떠올리면 _____.
　　　　　　　　　　　　　그 일을 떠올리면 드는 기분

12주차 5일 60

이야기 1학년 2학기 | • 나만의 비밀 친구를 갖고 싶어

• 총 어절 수 60개
• 권장 읽기 시간 40초

내 비밀 친구는 누구일까?

아래 글을 소리 내어 읽고, 걸린 시간을 아래 빈칸에 써 보세요.

수업 시간에 비밀 친구 놀이를 했다.
친구 이름이 적힌 쪽지를 뽑아 비밀 친구를 정하고,
이번 주 금요일까지 아무도 모르게 돕는 놀이이다.
나의 비밀 친구는 영서이다.
쉬는 시간에 영서의 의자를 넣어 주고,
책상 밑에 떨어진 쓰레기도 주워 주었다.
영서한테 들킬까 봐 조마조마했다.
내 비밀 친구는 민준이일지도 모른다.
필통을 떨어뜨렸을 때 민준이가 주워 주었기 때문이다.
내 비밀 친구는 누구일까? 금요일이 빨리 왔으면!

걸린 시간 분 초

낱말을 익혀요

본문에 수록된 주요 낱말들의 뜻을 익혀요.

1 비밀
- 뜻: 숨기고 있어 남이 모르는 일
- 예문: 나는 내 비밀을 들키지 않으려고 조심했다.

2 쪽지
- 뜻: 어떤 내용의 글을 적은 작은 종잇조각
- 예문: 예원이는 책상 속에서 쪽지를 발견했다.

3 조마조마하다
- 뜻: 앞으로 닥칠 일이 걱정되어 마음이 초조하고 불안하다
- 예문: 나는 영서를 몰래 도와줄 때마다 조마조마했다.

단계별로 연습하기

1단계 올바른 발음을 익혀요.

발음이 어렵거나 헷갈리는 낱말들을 정확하게 읽어요.

① 놀이 [노리]   ② 적힌 [저킨]
③ 쪽지 [쪽찌]   ④ 뽑아 [뽀바]
⑤ 금요일 [그묘일]   ⑥ 넣어 [너어]

2단계 듣고 따라 읽어요.

QR코드에서 들려주는 선생님의 음성을 들으며 읽는 연습을 해요.

1 정확하게 따라 읽어요.   2 속도에 맞춰 따라 읽어요.   3 자연스럽게 따라 읽어요.

3단계 다시 읽어봐요.

다시 소리 내어 읽고, 걸린 시간을 아래 빈칸에 써 보세요.

걸린 시간 ◯ 분 ◯ 초

정답 ▶ 163쪽

내용을 확인해요

본문에서 읽었던 내용을 떠올리며 아래 문제를 풀어봐요.

1 비밀 친구 놀이는 어떤 놀이인가요?

① 친구의 이름을 외우는 놀이
② 내가 뽑은 친구를 몰래 돕는 놀이
③ 서로의 비밀을 하나씩 이야기하는 놀이

2 민준이가 비밀 친구일 수도 있다고 생각한 이유를 쓰세요.

60 내 비밀 친구는 누구일까? 153

6장 〈통합-이야기〉 마무리 활동

정답 ▶ 162쪽

1 6장에서 배운 내용을 생각하며, 아래의 낱말을 정확하게 읽어봐요.

1	샘물	2	젊어지다
3	욕심쟁이	4	총각
5	각시	6	사이좋다
7	여기다	8	어울리다
9	소식	10	학예회
11	조명	12	통로
13	보호자	14	침착하다
15	메다	16	쓰러뜨리다
17	넣다	18	넣는
19	은혜	20	갚다
21	끊어지다	22	등장인물
23	내내	24	얄밉다
25	실컷	26	짜릿하다
27	온종일	28	쪽지
29	금요일	30	조마조마하다

2 다음을 읽고, 맞으면 O, 틀리면 ×하세요.

52과 ① '우렁이 각시'에서 총각은 우렁이를 논에 버렸다. (　　)

53과 ② 피노키오는 나중에 요정이 되었다. (　　)

54과 ③ 공연장에서 비상구의 위치를 알아두는 것이 안전하다. (　　)

55과 ④ 사람이 많은 곳에서 넘어졌을 때는 재빨리 일어나야 한다. (　　)

56과 ⑤ 볼링에서 공이 굴러가는 기다란 길을 '핀'이라고 한다. (　　)

3 <보기>에서 알맞은 낱말을 골라 빈칸에 쓰세요.

보기
기억　소원　끊었다　얄밉다　등장인물　조마조마했다

51과 ① 내 [　　　]이/가 꼭 이루어졌으면 좋겠다.

57과 ② 생쥐가 이빨로 그물을 [　　　].

58과 ③ 『개미와 베짱이』의 [　　　]은/는 개미와 베짱이이다.

59과 ④ 1학년 때 가장 [　　　]에 남는 일은 어린이날 체육대회이다.

60과 ⑤ 거짓말한 것을 들킬까 봐 [　　　].

정답

지금까지 여러분이 풀었던 문제의 정답을 공개할게요. 정답을 보면서 왜 틀렸는지 궁금하다면 여러분의 부모님이나 선생님께 그 이유를 여쭤보셔도 좋아요.

1장 | 국어

01 코코는 어디에 있을까요?

1 ①-ⓒ, ②-㉠, ③-ⓒ

2 [예시] 아이가 **폴짝폴짝** 뛰어가는 모습이 귀엽다. 산토끼는 사람들을 보고 **폴짝폴짝** 달아났다.

02 내 마음을 나타내 보아요

1 ①-ⓒ, ②-ⓒ, ③-㉠

2 각자 해당하는 내용에 ○ 하세요.

03 돌에서 다리가 쑤욱!

1 다 → 나 → 라 → 가

2 ① 흙글, 여덟 ② 마니, 다라써요

04 큰따옴표와 작은따옴표

1 ③

2 ① ' ' ② " "

05 안내견을 만나면?

1 ②

2 ① ✕ ② ○ ③ ○

06 자음자를 바르게 읽어요

1 ① 시옷 ② 치읓 ③ 히읗

2 ① ✕ ② ○ ③ ✕

07 '아나바다'를 들어 보았나요?

1 ① ✕ ② ○ ③ ✕ ④ ○

2 아껴, 나눠, 바꿔, 다시

08 지도에서 독도를 찾아봐요

1 ①

2 ①-㉠, ⓒ ②-ⓒ, ㉢

09 공부를 도와주는 말

1 ①

2 ①-ⓒ, ②-㉠, ③-ⓒ, ④-㉢

10 두 마리의 소 이야기

1 ①, ③

2 ① 정승 ② 험담 ③ 신중

1장 마무리 활동

1 1. [풍기다]
2. [바라메]
3. [산산조각]
4. [뿌드타다]
5. [안절부절]
6. [후련하다]
7. [흘글]
8. [밥따]
9. [달타]
10. [구덩이]
11. [꺼병이]
12. [까투리]
13. [시각 장애인]
14. [보행]
15. [훌련]
16. [익따]
17. [일글]
18. [잉는]
19. [함부로]
20. [자원]

21. [저략]
22. [독또]
23. [등대]
24. [경비대]
25. [화긴하다]
26. [구별하다]
27. [표현하다]
28. [정승]
29. [험담]
30. [신중하다]

2 ① ○ ② × ③ ○ ④ × ⑤ ×

3 ① 바람 ② 후련하다 ③ 밟아서
　 ④ 까투리 ⑤ 험담

2장 | 수학

11 수를 읽는 두 가지 방법

1 ②

2 ① 스물다섯, 이십오 ② 여든셋, 팔십삼

12 >, <은 어떻게 읽을까요?

1 ③

2 ① <, 96은 57보다 큽니다. 또는 57은 96보다 작습니다.
　 ② >, 68은 52보다 큽니다. 또는 52는 68보다 작습니다.
　 ③ <, 71은 33보다 큽니다. 또는 33은 71보다 작습니다.

13 물건을 셀 때 쓰는 낱말

1 ①

2 ①-ㄹ, ②-ㄷ, ③-ㄴ, ④-ㄱ

14 짝수와 홀수

1 ① 4, 6, 8, 0 ② 3, 5, 7, 9

2 ① 홀 ② 짝 ③ 짝

15 오전과 오후

1 ① 2시 30분 – 매우 안전
　 ② 7시 30분 – 위험
　 ③ 9시 30분 – 매우 위험

2 ①-ㄴ, ②-ㄱ, ③-ㄷ, ④-ㄹ

16 환경위기시계는 지금 몇 시?

1 3, 50, 9, 20, 7, 45

2 ①-ㄴ, ②-ㄱ, ③-ㄷ

17 □, △, ○ 모양

1 동그라미, 세모, 네모

2 ①-ㄴ, ②-ㄷ, ③-ㄱ

18 내 이야기 들어 볼래?

1 4

2 ① 종점 ② 정류장 ③ 승객

19 규칙을 알면 똑똑해져요

1 ○, □

2 ① 반복 ② 일정 ③ 짐작

20 물에도 발자국이 있다고요?

1 ①

2 ②

2장 마무리 활동

1 1. [한짜어]
　 2. [고유어]
　 3. [방법]

4. [부등호]
5. [큽니다]
6. [작씀니다]
7. [난말]
8. [톨]
9. [켤레]
10. [짝쑤]
11. [홀쑤]
12. [끋짜리]
13. [자정]
14. [오전]
15. [오후]
16. [환경위기시계/환경위기시게]
17. [가뭄]
18. [기후]
19. [회의/훼이]
20. [삼각짜]
21. [의견]
22. [종쩜]
23. [정뉴장]
24. [승객]
25. [규칙]
26. [일쩡하다]
27. [짐자카다]
28. [과정]
29. [물 발짜국]
30. [제품]

2 ① ○ ② × ③ ○ ④ ○ ⑤ ×

3 ① 작습니다 ② 기후 ③ 회의 ④ 승객
⑤ 규칙

3장 | 통합 - 하루

21 잠을 잘 자는 비결은?

1 ②

2 ①-ⓒ, ②-ⓑ, ③-ⓐ

22 내가 학교에 있을 때

1 ①

2 ① 진찰 ② 출동

23 모차르트 자장가의 비밀

1 ③

2 ① 천재 ② 악보 ③ 곡

24 '목도소리'를 들어봤나요?

1 ①-ⓐ, ②-ⓒ, ③-ⓑ

2 ① 옮길 ② 밧줄

25 안전 수칙을 지켜요

1 ① × ② ○ ③ ×

2 ① 난간 ② 수칙

26 우리 집 구급상자

1 ① ○ ② × ③ × ④ ○

2 ③

27 지진이 났을 때는?

1 ②

2 ③

28 신호등이 없다면?

1 나 → 가 → 다

2 ① 차도, 보도 ② 모퉁이

29 일과가 무슨 뜻일까요?

1 ②

2 각자 해당하는 내용을 쓰세요.

30 신나는 리듬을 만들어요

1 ③

2 ① ○ ② ✕ ③ ✕

3장 마무리 활동

1
1. [위생]
2. [숭면]
3. [습또]
4. [진찰]
5. [출똥]
6. [존중]
7. [으막깨]
8. [자장가]
9. [악뽀]
10. [목또소리]
11. [메기는소리]
12. [반는소리]
13. [부어케는]
14. [난간]
15. [안전 수칙]
16. [구급쌍자]
17. [소독]
18. [시겸수]
19. [지진]
20. [오괴/오궤]
21. [검색]
22. [좌우]
23. [차도]
24. [보도]
25. [일과]
26. [규칙쩌그로]
27. [흥겹따]
28. [리듬]
29. [반복]
30. [악끼]

2 ① ○ ② ✕ ③ ○ ④ ✕ ⑤ ✕

3 ① 숙면 ② 체온계 ③ 보도 ④ 일과 ⑤ 리듬악기

4장 | 통합 - 약속

31 어린이의 권리를 알아봐요

1 ③

2 ①-ㄹ, ②-ㄷ, ③-ㄴ, ④-ㄱ

32 에너지를 아껴요

1 ①

2 ① 연료 ② 냉방, 난방

33 거대한 '쓰레기 섬'이 있어요

1 ③

2 ①-ㄴ, ②-ㄷ, ③-ㄱ

34 작지만 위험해요

1 ③

2 ① ○ ② ✕ ③ ○

35 날마다 나무를 심는 방법은?

1 ③

2 ① 이면지 ② 종이팩

36 지구를 지키는 밥상
1 ① × ② × ③ ○
2 ① 온실가스 ② 운반

37 국제기구가 생긴 까닭은?
1 ②
2 ① 대륙 ② 국제기구

38 가정 폭력은 안 돼요!
1 ① × ② ○ ③ ○
2 ①

39 잠이 안 와서 뒤척뒤척
1 사과, 우유
2 ①-ㄴ, ②-ㄱ, ③-ㄷ

40 할아버지의 편지
1 ③
2 ①-ㄷ, ②-ㄴ, ③-ㄱ

4장 마무리 활동
1
1. [권리]
2. [국제 연합]
3. [아동 권리 혁박]
4. [연료]
5. [냉방]
6. [난방]
7. [항해사]
8. [한반도]
9. [분해되다/분해돼다]
10. [효과/효꽈]
11. [바다쏙/바닫쏙]
12. [싸이다]
13. [친환경]
14. [이면지]
15. [재화룡]
16. [제철 과일]
17. [화석 연료]
18. [운반하다]
19. [국쩨기구]
20. [대륙]
21. [교황]
22. [가정 퐁녁]
23. [요청하다]
24. [의심]
25. [음뇨]
26. [성분]
27. [민감하다]
28. [보호 장구]
29. [내리막낄]
30. [차공하다]

2 ① ○ ② × ③ × ④ × ⑤ ○
3 ① 난방 ② 이면지 ③ 국제기구 ④ 의심 ⑤ 보호 장구

5장 | 통합-상상

41 '해태'를 알고 있나요?
1 ① × ② × ③ ○
2 ① 궁궐 ② 옳고

42 숨바꼭질을 하다가
1 ①-ㄷ, ②-ㄴ, ③-ㄱ
2 ① 숨바꼭질 ② 방앗간

43 코피가 나요
1 ① ✕ ② ✕ ③ ○
2 ① 앞으로 ② 윗부분 ③ 풀지 않아요

44 야외에서는 이걸 조심해요
1 ①, ③
2 ① 진드기 ② 세탁

45 말은 주워 담을 수 없어요
1 ③, ④
2 ① 화살, 말 ② 상처 ③ 되돌릴

46 나는 누구일까요?
1 ① 연필 ② 지우개
2 ①-ㄴ, ②-ㄷ, ③-ㄱ

47 친구를 오해한 날
1 ②, ③
2 ③

48 초능력을 고를 수 있다면?
1 라 → 나 → 다 → 가
2 각자 해당 내용을 쓰세요.

49 '호두까기 인형' 이야기
1 ③
2 ① 발레곡 ② 작곡가 ③ 생쥐 왕

50 비밀 요원의 활약
1 ②
2 ① 귀가 ② 존중 ③ 묶어

5장 마무리 활동
1 1. [정의롭따/정이롭따]
2. [올코]
3. [그름]
4. [터빤/털빤]
5. [꼰모종]
6. [방아깐/방앋깐]
7. [위뿌분/윋뿌분]
8. [딱따칸]
9. [저치다]
10. [배설물]
11. [기피제]
12. [세타카다]
13. [화살]
14. [되돌리다/뒈돌리다]
15. [곱따]
16. [길쭈카게]
17. [실쑤]
18. [감쪼까치]
19. [시러하다]
20. [들추다]
21. [오해]
22. [온데간데업씨]
23. [초능녁]
24. [선택]
25. [작꼭까]
26. [공겨카다]
27. [힘겹따]
28. [상호]
29. [배려]
30. [귀가]
2 ① ✕ ② ○ ③ ✕ ④ ○ ⑤ ✕
3 ① 화살 ② 감쪽같이 ③ 오해
④ 초능력 ⑤ 상호

6장 | 통합-이야기

51 젊어지는 샘물
1. ②, ③, ④
2. ① 소원 ② 샘물 ③ 갓난아기

52 우렁이 각시
1. ③
2. 2 → 4 → 1 → 3

53 피노키오
1. ③
2. ① × ② ○ ③ × ④ ○ ⑤ ×

54 공연장에서 이것만은 지켜요
1. ②
2. ①-ⓒ, ②-ⓑ, ③-ⓐ

55 사람이 많은 곳에 갈 때는
1. ③
2. ①-ⓒ, ②-ⓐ, ③-ⓑ

56 볼링을 해 볼까요?
1. ① × ② ○ ③ ×
2. ① 10 ② 2

57 실감나게 읽어봐요
1. ③
2. ① ○ ② ○ ③ ×

58 내가 읽은 이야기
1. ①, ③
2. 1 → 3 → 4 → 2

59 기억에 남는 일을 발표해요
1. [예시] 1학년 때 경험한 일 중 가장 기억에 남는 것은 **입학식**입니다. **3월에 학교에서 엄마, 아빠와 함께 입학식에 참석**했습니다. 그 일을 떠올리면 **지금도 설레고 떨립니다.**

60 내 비밀 친구는 누구일까?
1. ②
2. [예시] 내가 필통을 떨어뜨렸을 때 주워 주었기 때문에

6장 마무리 활동
1. 1. [샘물]
    2. [절머지다]
    3. [욕씸쟁이]
    4. [총각]
    5. [각씨]
    6. [사이조타]
    7. [여기다]
    8. [어울리다]
    9. [소식]
    10. [하계회/하계훼]
    11. [조명]
    12. [통노]
    13. [보호자]
    14. [침차카다]
    15. [메다]
    16. [쓰러뜨리다]
    17. [너타]
    18. [넌는]
    19. [은혜/은혜]
    20. [갑따]
    21. [끄너지다]

22. [등장인물]
23. [내내]
24. [얄밉따]
25. [실컨]
26. [짜리타다]
27. [온종일]
28. [쪽찌]
29. [그묘일]
30. [조마조마하다]

❷ ① × ② × ③ ○ ④ ○ ⑤ ×

❸ ① 소원 ② 끊었다 ③ 등장인물
　 ④ 기억 ⑤ 조마조마했다